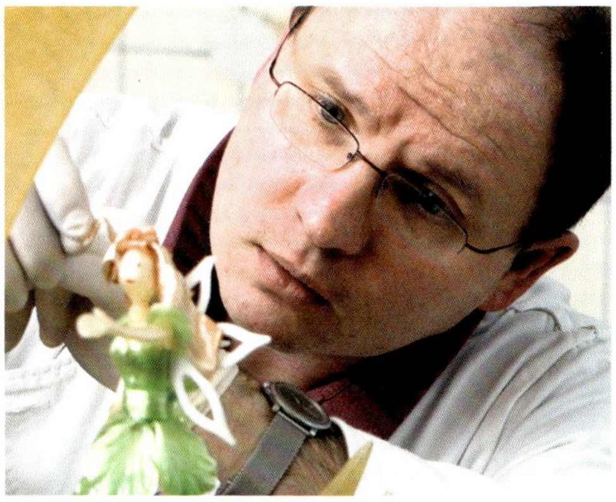

VORWORT

Mit „Zuckerkunst heute“ habe ich ein – im Kopf bereits länger geplantes – Projekt nunmehr in die Tat umgesetzt und freue mich sehr, allen interessierten Fachleuten und dem Nachwuchs der Konditorei-, Gastronomie- und Hotelbranche dieses Praxiswerk vorstellen zu können.

Auf lange theoretische Abhandlungen zur Herstellung und Verarbeitung von Zucker, Zuckerarten etc. habe ich bewusst verzichtet, da diese Themen umfassend und leicht per Internet recherchiert werden können. Anlaufstelle für Geschichtliches zum Thema ist auch das Zuckermuseum in Berlin (Kontaktdaten siehe unten).

Bedanken möchte ich mich an dieser Stelle bei allen, die an der Realisierung dieses Buchprojekts beteiligt waren und mich unterstützt haben, insbesondere meine Frau Martina Ziegler.

Ich denke, dass Sie ein Werk in den Händen halten, das Ihnen als Lehrbuch Schritt für Schritt den Einstieg in die Thematik erleichtert und Ihnen durch die Themenvielfalt Anregungen gibt, Ihre eigenen „süßen“ Ideen kreativ umzusetzen.

Dazu wünsche ich gutes Gelingen.

Joachim Habiger

Tipp: Zucker-Museum, Amrumer Straße 32, D-13353 Berlin (Wedding)
Telefon 030/314275-74, Fax 030/314275-86, Internet: www.dtmb.de/Zucker-Museum/

INHALT

INHALT

Umsetzen der Grundtechniken

GRUSSWORT

Dieses Buch ist hilfreich und empfehlenswert für alle Konditoren und Patissiens, die neue Ideen aufgreifen und zu ihrem Standard hinzufügen möchten.

Besonders die Gliederung des Buchs sticht ins Auge. In leicht nachvollziehbarer Schritt-für-Schritt-Anleitung wird man an die unterschiedlichsten Techniken herangeführt. Detaillierte Fotos zu den jeweiligen Themen sind sehr hilfreich für die Umsetzung und weisen dieses Werk als besonders gelungenes Lehrbuch aus.

Dem Autor ist es gelungen, sein umfangreiches und detailliertes Wissen um die Verarbeitungstechniken der verschiedenen Zuckerarten so zu schildern, dass sowohl Anfänger als auch fortgeschrittene „Zuckerkünstler" von diesem Buch profitieren können. Überwiegend sind die aufgeführten Zuckerarbeiten ohne weitere Hilfsmittel zu fertigen, was auf eine absolute Praxisnähe schließen lässt. Wir wünschen Joachim Habiger mit seinem Buch viel Erfolg und den Lesern ein gutes Gelingen bei ihren Arbeiten mithilfe dieses Werks.

W. Schenk — *J. Feinauer*

Werner Schenk
Technischer Lehrer

Joachim Feinauer
Technischer Lehrer

Werner Schenk (Foto, links) und Joachim Feinauer (rechts) sind Konditormeister und als Technische Lehrer an der Gewerblichen Schule Im Hoppenlau, Stuttgart, tätig.

ISOMALT

Beim Arbeiten mit Zucker im dekorativen Bereich wird heute vielfach nicht mehr mit herkömmlichem Kristallzucker gearbeitet, sondern mit Isomalt. Deshalb zunächst einige Informationen dazu.

Isomalt ist ein Zuckeraustauschstoff, der ausschließlich aus Zucker gewonnen wird und somit auch so natürlich wie Zucker schmeckt. Isomalt ist geruchslos und hat eine weiße, kristalline Substanz. Erhältlich ist es in verschiedenen Körnungen oder als Pulver.

Eingesetzt wird Isomalt bei zuckerfreien, kalorienreduzierten oder diabetischen Produkten im Lebensmittel- und Pharma-Bereich. Bei Lebensmitteln zum Beispiel bei Bonbons, Kaugummi, Schokolade, Eiscreme, Konfitüre, Marzipan, Nougat und bei Backwaren, im pharmazeutischen Bereich etwa bei Tabletten. Bei übermäßigem Verzehr kann Isomalt abführend wirken.

Bei allen Kapiteln dieses Buchs – mit Ausnahme des Kapitels „Zucker kochen“ – wurde mit Isomalt mittlerer Körnung (M) gearbeitet.

Zuckerarbeiten mit Isomalt

Der größte Vorteil von Isomalt gegenüber herkömmlichem Kristallzucker beim dekorativen Arbeiten ist die geringe Hygroskopizität.

Isomalt absorbiert bei Raumtemperatur von 25 °C und normaler Luftfeuchtigkeit praktisch kein Wasser. Erst bei höheren Temperaturen und höherer Luftfeuchtigkeit nimmt Isomalt Wasser auf. Somit hat Isomalt – im Vergleich zu Zucker – eine hohe Stabilität bei hergestellten Dekoren oder Schaustücken.

Wird bei hohen Temperaturen und/oder hoher Luftfeuchtigkeit mit

ISOMALT

Zucker gearbeitet, zerlaufen („schmelzen“) Sujets sehr schnell, da Zucker Wasser aufnimmt und hergestellten Dekoren oder Schaustücken dann die notwendige Stabilität fehlt.

Isomalt verflüssigt sich beim Erhitzen bei zirka 145 bis 150 °C und kann dann, beliebig eingefärbt, sofort zum Gießen von Teilen verwendet werden; Details siehe Kapitel „Zucker gießen“.

Ein weiterer Vorteil von Isomalt ist die einfachere Handhabung: Eine Zugabe von Glukose oder Weinsteinsäure wie beim Kristallzucker entfällt. Bei der Herstellung von Isomalt zum Ziehen oder Blasen von Zuckerdekoren wird lediglich etwas Wasser beigegeben, damit für das spätere Arbeiten erträgliche Temperaturen erreicht werden; Details siehe Kapitel „Isomalt kochen“.

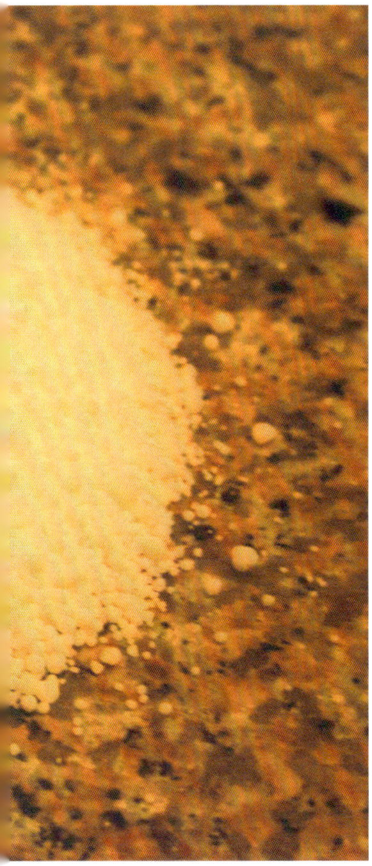

Fertiggestelltes aus Isomalt zerläuft bei normaler Raumtemperatur und Luftfeuchtigkeit nicht, besitzt also auch eine höhere Lagerfähigkeit. Lediglich der typische Glanz verliert sich mit der Zeit – größere Schaustücke sollten deshalb in Vitrinen luftdicht verschlossen werden, sofern sie für längere Zeit ausgestellt werden sollen. Gegebenenfalls vorab mithilfe von Silicagel das Schaustück „abtrocknen“ lassen; Details siehe Kapitel „Silicagel“.

Isomalt ist im Einkauf deutlich teurer als Kristallzucker. Da Reste oder Fehlversuche wieder eingeschmolzen und zum Gießen verwendet werden können, amortisieren sich diese Kosten jedoch schnell, zumal beim Verkauf von Zuckerdekoren oder -schaustücken der Arbeitsaufwand – im Gegensatz zum Materialwert – den überwiegenden Teil des Preises ausmacht. Im kommerzielen Bereich gibt es zu Isomalt aus oben genannten Gründen deshalb keine Alternative.

FARBLEHRE

Beim Arbeiten mit Zucker lässt sich aus den Basisfarben Gelb, Rot, Blau und Schwarz jeder beliebige Farbton mischen. Empfehlenswert sind dabei wasserlösliche Pulverfarben. Um stets den gleichen Farbton zu erhalten, sollte immer die gleiche Menge Pulverfarbe mit der entsprechenden Menge Wasser oder Isomalt gemischt werden. Zur Herstellung von flüssiger Farbe (zum Beispiel zum Airbrushen) 3 g Pulverfarbe in 50 ml heißem Wasser auflösen.

Zum Ziehen und Blasen von Zucker sollte ein Vorrat (Mise en place) an gekochtem Isomalt in den Grundfarben Gelb, Rot, Blau und Schwarz angelegt werden. Hierzu auf 1 kg Isomalt 3 g Pulverfarbe verwenden, die am Ende des Kochprozesses den 25 g Wasser zugegeben werden.

Nachfolgende Beispiele zeigen das Mischungsverhältnis der Grundfarben für die Herstellung eines gewünschten Farbtons.

1

Hellgrau
95 Prozent Weiß
5 Prozent Schwarz

2

Blaugrau
80 Prozent Weiß
15 Prozent Schwarz
5 Prozent Blau

3

Zartrosa
95 Prozent Weiß
5 Prozent Rot

4

Altrosa
80 Prozent Weiß
20 Prozent Rot

5

Zartorange
95 Prozent Gelb
5 Prozent Rot

6

Orange/Blutorange
80 Prozent Gelb
20 Prozent Rot

FARBLEHRE

7

Hellgrün
80 Prozent Gelb
20 Prozent Blau

8

Tannengrün
60 Prozent Gelb
40 Prozent Blau

9

Braun
70 Prozent Grün
30 Prozent Rot

10

Rotbraun
50 Prozent Grün
50 Prozent Rot

11

Lila
80 Prozent Rot
20 Prozent Blau

Violett
(Abbildung)
60 Prozent Rot
40 Prozent Blau

12

Hautfarbe
95 Prozent Weiß
5 Prozent Orange

13

Bordeaux
95 Prozent Rot
5 Prozent Schwarz

14

Helle Farben (Pastell)
99 Prozent Weiß
1 Prozent Gelb (Beispiel)
oder andere Farbe

Tipp: Zum Auflösen von Pulverfarben immer heißes Wasser verwenden.

ARBEITSPLATZ

Arbeitsplatz-Grundausstattung

Zuckerlampe mit Wärmebirne

Spiritusbrenner

Zuckerhandpumpe

Handschuhe

Werkstation mit
fertig gekochtem Isomalt

Gasbrenner

Silikonstempel

Schere

ZUCKER KOCHEN

Grundrezept

500 g Kristallzucker
320 g Wasser
80 g Glukose
15 Tropfen Weinsteinsäure

1

Benötigt werden: Koch-platte, Topf, Zuckerthermometer, Pinsel, Schneebesen, Marmor-/Granitplatte, Gieß-/Backmatte, Metallstäbe, benötigte Menge Zucker, Wasser, Glukose, Weinsteinsäure.

2

Kristallzucker und Wasser verrühren und aufkochen.

3

Die Zuckerlösung mit einem Pinsel am Topfrand „herunterwaschen“, um Unreinheiten zu entfernen.

4

Nach dem Aufkochen (100 ° C) und Abschäumen die Glukose beigeben und weiter erhitzen.

5

Die festgesetzten Zuckerkristalle mit dem Pinsel durch Herunterwaschen entfernen, da sie sonst am Topfrand karamellisieren. Die Zuckermasse könnte dadurch „absterben“, das heißt matt werden.

6

Bei 136 ° C die Lebensmittelfarbe (in Wasser eingerührt) zugeben und weiter auf 140 ° C erhitzen. Tipp: 3 g Farbe mit 50 ml heißem Wasser mischen. Zur Dosierung empfiehlt sich die Verwendung von Pipettenfläschchen.

7

Bei Erreichen von 140 ° C 15 Tropfen Weinsteinsäure zugeben und die Masse weiter erhitzen.

Tipp: Die Verwendung eines Kupferkessels hat den Vorteil der besseren Wärmeleitung, ist aber nicht zwingend erforderlich.

ZUCKER KOCHEN

8

Mit Erreichen von 150 °C den Topf von der Platte nehmen und in kaltem Wasser abschrecken, um den Kochprozess zu stoppen.

9

Den fertig gekochten Zuckersud auf einer Gießmatte ausschütten.

10

Den heißen Zucker von außen nach innen einschlagen. Vorteil dieser Methode ist, dass die Zuckermasse gleichmäßig abkühlt. Vorsicht: Verbrennungsgefahr, eventuell Spezialhandschuhe verwenden.

11

Den Zucker zusammenrollen und warten, bis er nicht mehr die Form verliert.

12

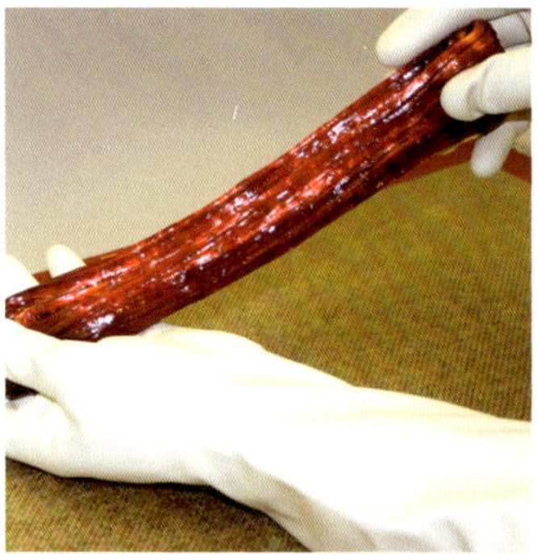

Nun den Zucker auseinanderziehen und wieder übereinanderlegen. Dies 18- bis 20-mal wiederholen, um der Masse Luft unterzuarbeiten und damit den typischen Seidenglanz zu erreichen.

13

Der Zucker ist nun perfekt gezogen und kann in Portionsstücke geteilt werden.

14

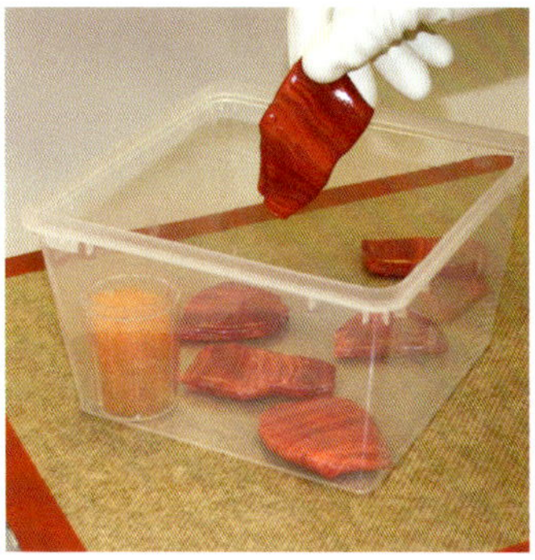

In einem verschließbaren Behälter mit Feuchtigkeitsentzugsmittel aufbewahren.

15

Links ist der optimal gezogenen Zucker zu sehen, während der Zucker rechts „überzogen“ wurde. Die zu viel eingearbeitete Luft bewirkt ein „Absterben“ beziehungsweise Mattwerden des Zuckers.

Tipp: Den Zucker nie zu heiß ziehen, da sonst nicht der gewünschte Glanz entsteht.

ISOMALT KOCHEN

Grundrezept

1000 g Isomalt
25 g Wasser

(für farbiges Isomalt
3 g Pulverfarbe beigeben)

1

Benötigt werden:
Kochplatte, Topf, Zuckerthermometer, Holzlöffel, Isomalt (Körnung M), benötigte Wassermenge, Granit-/Marmorplatte, Gieß-/Backmatte, Metallstäbe zum Begrenzen.

2

Isomalt in den Topf geben.

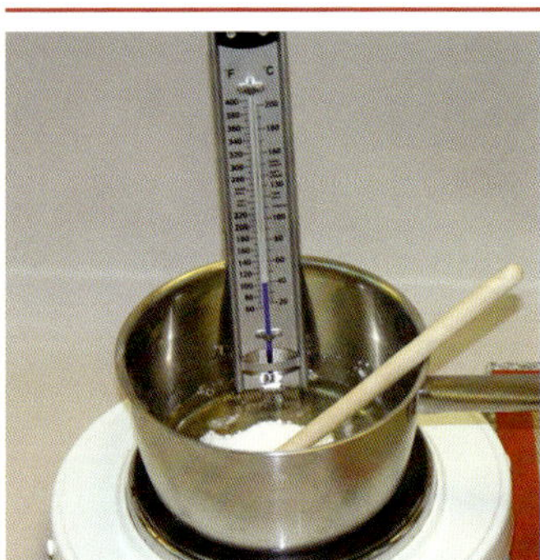

3

Isomalt – ohne Zugabe von Wasser – auf 170 °C erhitzen.

4

Nach dem Erhitzen Topf von der Kochstelle nehmen, das Wasser (bei farbigem Isomalt in das heiße Wasser die notwendige Menge Farbpulver geben) in drei bis vier Intervallen dazugeben. Vorsicht: Spritzgefahr!

5

Das fertig gekochte Isomalt auf der Matte ausgießen und vollständig abkühlen lassen. So erhält man eine transparente Zuckerplatte.

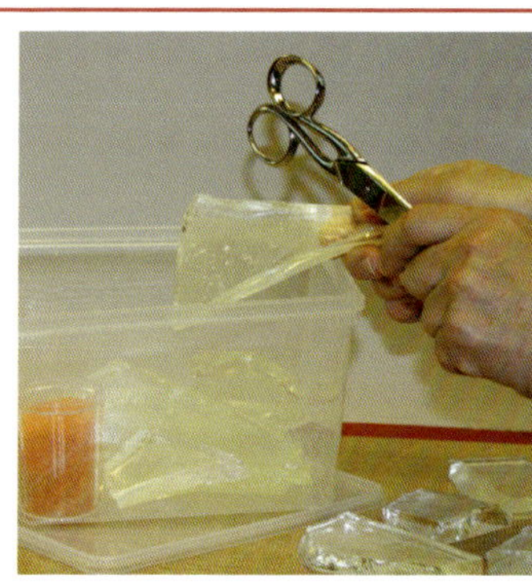

6

Zur Bevorratung die Platte in kleinere Stücke brechen und in einen verschließbaren Behälter geben.
Bei hoher Luftfeuchtigkeit empfiehlt sich die Beigabe von Silicagel (Feuchtigkeitsentzugsmittel) in einem separaten Behälter.

Tipp: Das farbige Isomalt kann – bei oben genannter Farbkonzentration – mit bis zu der 20-fachen Menge farblosem Isomalt vermischt werden, ohne seinen kräftigen Farbton zu verlieren.

SILICAGEL

1

Zur Bevorratung von gekochtem Isomalt oder Zucker empfiehlt sich bei hoher Luftfeuchtigkeit die Beigabe eines Feuchtigkeitsentzugsmittels.

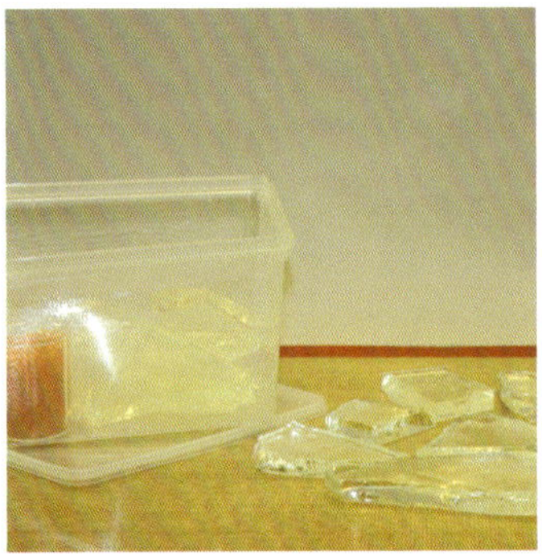

2

Bewährt hat sich Silicagel, da es einen Farbindikator enthält.

3

Silicagel sind Polymere der Kieselsäure in der Größe von 1 bis 3 Millimetern, die Wasser aufnehmen können. Die Farbe der Perlen ändert sich je nach Wassergehalt von orange (wenig Wasser) bis zu fast farblos (viel Wasser).

4

Im Backofen (130 ° C, zirka 5 Minuten) oder in der Mikrowelle (500 Watt, 1 bis 2 Minuten) kann den Silicagel-Perlen die Feuchtigkeit wieder entzogen werden. Sie sind dann zum Entfeuchten erneut einsetzbar. Beliebig oft wiederholbar.

5

Vorsicht: Die Perlen sind nach dem Erhitzen sehr heiß.

6

Silikagel in separatem Behälter dem Vorratsbehälter beigeben, nicht direkt mit Lebensmitteln in Verbindung bringen.

Tipp: Silicagel kann auch zum Entfeuchten von Schaustücken, die in Ausstellungsvitrinen aufbewahrt werden, genutzt werden. In der Küche ist es für das Mise en place von Zucker, Krokant, Hippenmassen etc. zu verwenden.

GIESSEN VON ZUCKERTEILEN

1

Isomalt-Reste einschmelzen, gegebenenfalls einfärben.

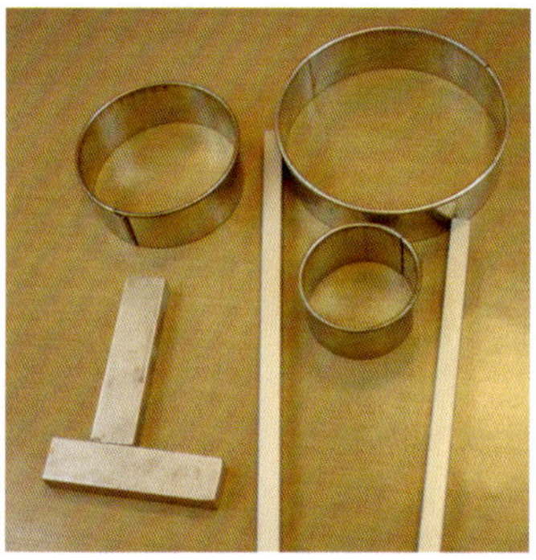

2

Teile eines Aufbaus auf der Gießmatte auslegen. Am besten eignen sich dafür nichtklebende Metallstäbe und -formen. In der Regel werden für ein Schaustück Bodenplatte, Rückwand und Stütze benötigt.

3

Die ausgelegten Formen ausgießen und abkühlen lassen.

4

Eine sechseckige Form kann mithilfe der Metallstäbe ebenso hergestellt werden.

5

Wie eine dreieckige ...

6

... oder schmale, lange Form, auch mit Aussparungen.

7

Abgekühlt können Einzelteile als Aufbau zusammengesetzt ...

8

... und das Schaustück fertig gestellt werden.

Tipp: Die Zuckerteile immer an dem Tag, an dem sie gegossen wurden, zusammensetzen, da bei späterem Erwärmen hohe Spannung entsteht und dadurch Zuckerteile brechen oder reißen könnten.

MARMORIEREN IM TOPF

1

Beim Marmorieren im Topf die Farbe nach dem Erhitzen in den Topf träufeln ...

2

... leicht umrühren, damit sich die Farben etwas vermischen.

3

Zucker ausgießen und abkühlen lassen.

4

Auch ohne Hilfsmittel kann eine Zuckerplatte frei gegossen ...

5

... und weiterverarbeitet werden, zum Beispiel zu einer Schale, indem die Platte, noch warm, über einen (tiefen) Teller oder eine Porzellanschale gelegt und in die gewünschte Form gebracht wird.

6

Und so sieht der fertige Teller aus, wenn er ganz abgekühlt ist.

7

Gegossene Zuckerteile werden häufig auch zum Aufbau eines Schaustücks verwendet, wie zum Beispiel als Rückwand für ein Blüten-Arrangement.

Tipp: Für das Gießen von Platten und Formen können sämtliche eingefärbten oder farblosen Isomalt-Reste eingeschmolzen werden. So lässt sich auch das Isomalt aus misslungenen Versuchen wiederverwerten.

MARMORIEREN AUF DER GIESSMATTE

1

Isomalt – ohne Farbe – im Topf erhitzen, bis alle Perlen gelöst sind. Dann Topf vom Feuer nehmen, warten, bis der Zucker nicht mehr „sprudelt“, das heißt keine Bläschen mehr sichtbar sind.

2

Farbloses Isomalt ausgießen. Die richtige Temperatur ist entscheidend, damit es gut fließt und sich am Rand eine abgerundete Kante bildet.

3

Gewünschte Farben mit einem Pipettenfläschchen einträufeln.

4

Mit einem Holzspieß oder Zahnstocher die Farben durch den Zucker ziehen ...

5

... und so den gewünschten Marmoreffekt herstellen. Platte abkühlen lassen.

6

Wenn der Zucker zu heiß ist, schwappt er beim Gießen am Rand hoch ...

7

... und es entsteht eine hässliche, ausgefranste Kante sowie eine Zuckerplatte mit Luftbläschen. So bitte nicht!

Tipp: Eher weniger Farbe benutzen, da so eine bessere Marmorierung entsteht.

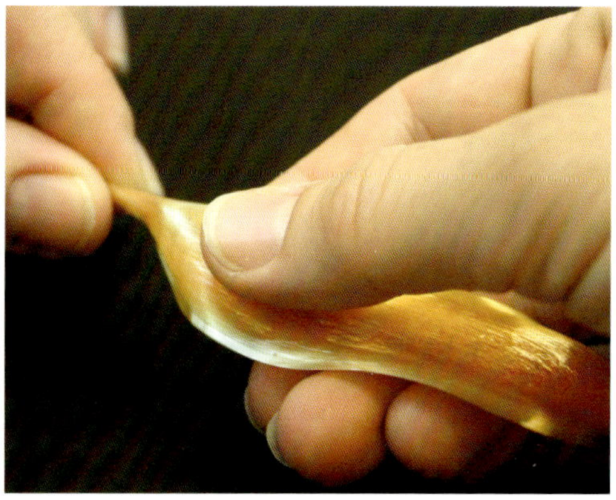

ZIEHEN EINES BANDES

1

Das zum Seidenglanz gezogene Isomalt von oben nach unten einschlagen, sodass eine glatte Oberfläche entsteht.

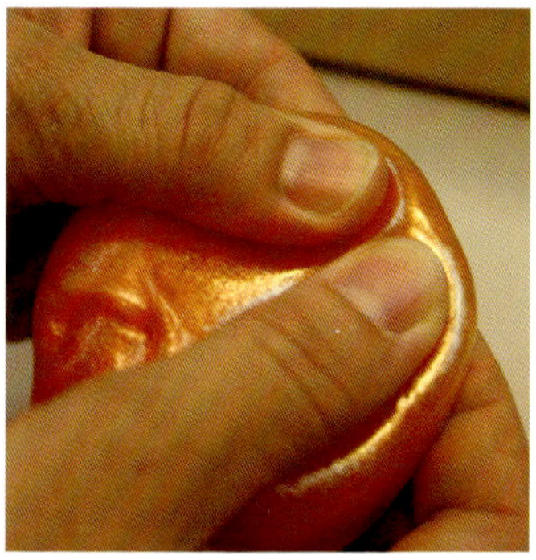

2

Mittels Daumen wird die Masse nach oben hin flachgedrückt.

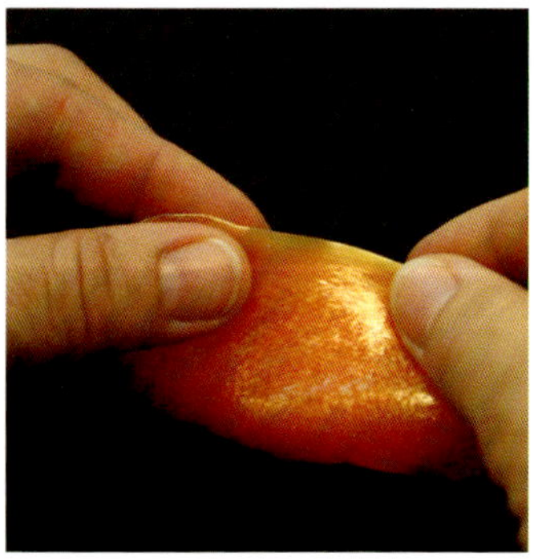

3

Mit Daumen und Zeigefinger den oberen Rand nach außen ziehen. Es entsteht eine scharfe, glänzende Kante.

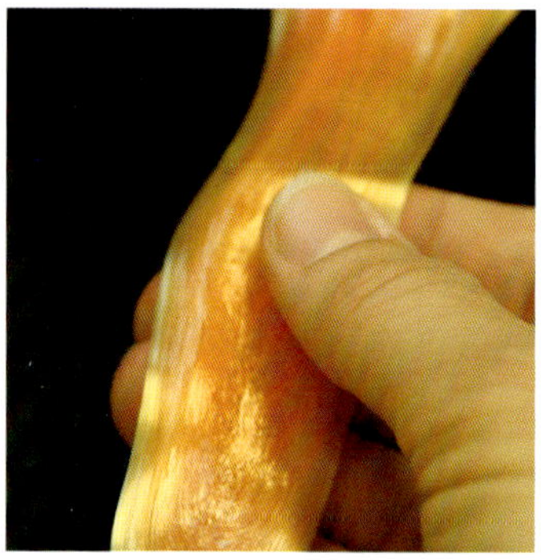

4

Isomalt hinten umklappen und Zuckermasse von der dickeren Mitte nach vorne ziehen. Dabei ist der Daumen oben, der Zeigefinger unten.

5

Zum Abtrennen den Daumen und Zeigefinger zusammendrücken und mit einer schnellen Kippbewegung das Band abkneifen.

ZIEHEN VON BLÄTTERN

1

Scharfe Kante ziehen.

2

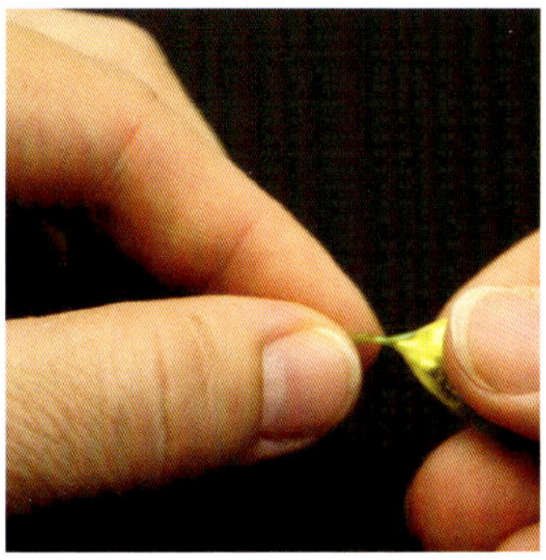

Band herausziehen, spitzig zusammendrücken und abkneifen.

3

Sofort in den Silikonstempel drücken, solange der Zucker noch warm ist.

4

Das Blatt mit Daumen und Zeigefinger in die gewünschte Form biegen.

5

Nach Belieben können Blattgröße und Struktur variiert werden. Mittels Airbrushing können die Blätter farblich ausgestaltet werden.

Tipp: Nur zwei Drittel des Blatts in den Stempel drücken, da sonst die Blattspitze abbrechen kann.

ZIEHEN VON BLÜTEN UND KNOSPEN

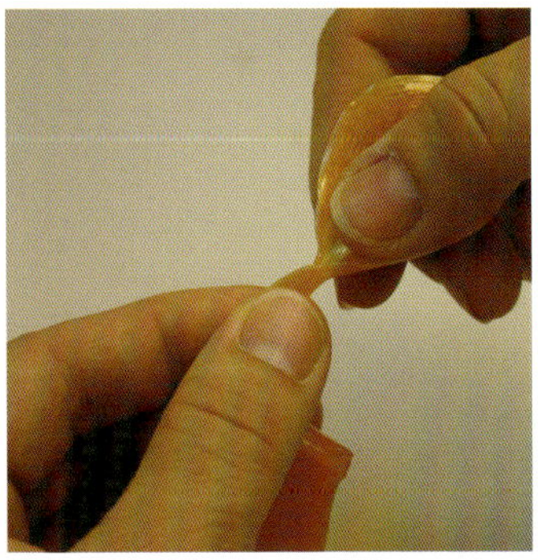

1

Daumen auf die Masse legen und kleines Blütenblatt herausziehen und abkneifen.

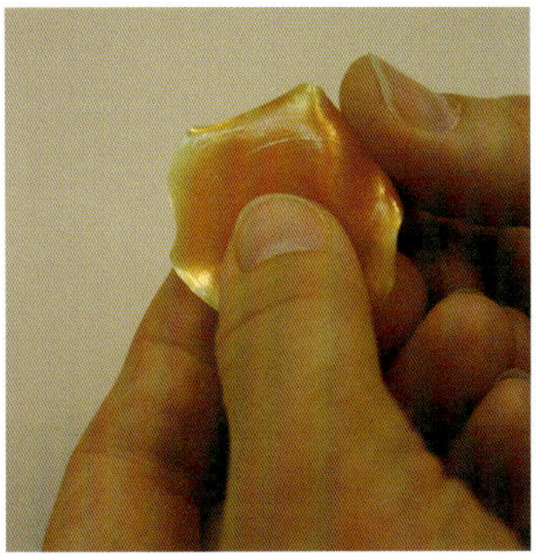

2

Im Handballen Vertiefung in die Mitte eindrücken und die oberen Ränder links und rechts leicht nach hinten biegen, um eine natürliche Form zu erreichen. Wichtig: Zügig arbeiten, da der Zucker schnell abkühlt.

3

Pro Blüte werden fünf gleich große Blätter benötigt.

4

Erstes und zweites Blatt erwärmen und zweites Blatt hinter erstes Blatt legen. Mit den weiteren Blättern entsprechend verfahren.

5

Zuletzt das fünfte Blatt hinter das vierte Blatt und vor dem ersten Blatt einsetzen.

6

Die zusammengesetzten Blüten.

7

Zuletzt wird Spinnzucker als Blütenzentrum angesetzt.

8

Die fertigen Blüten.

STREIFENARTIG ZIEHEN

4

Dann das Farbband in der Mitte durchschneiden.

1

Isomalt in gewünschten Farben erwärmen und zum Seidenglanz ziehen.

5

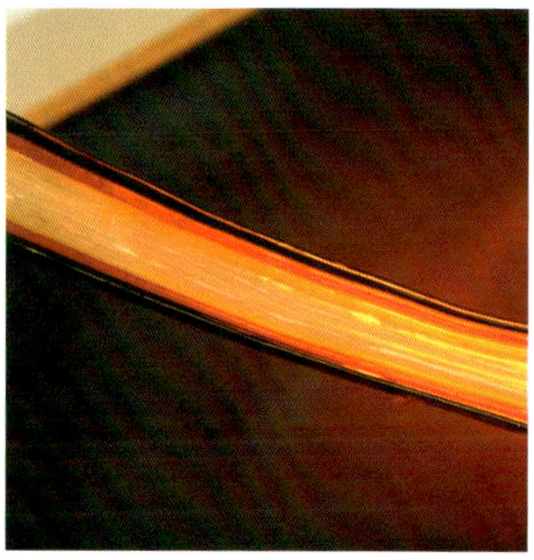

Von beiden Bändern die Seiten mit der Hauptfarbe (hier: Weiß) aneinanderlegen und nochmals in die Länge ziehen. Dieser Vorgang kann – je nach benötigter Breite des Bandes – beliebig wiederholt werden.

2

Pro Farbe eine fingerdicke Stange rollen, in gewünschter Länge abschneiden und alle Farben aneinanderlegen.

6

Zirka 5 bis 6 Zentimeter lange Bänder für die Schleifen abschneiden.

3

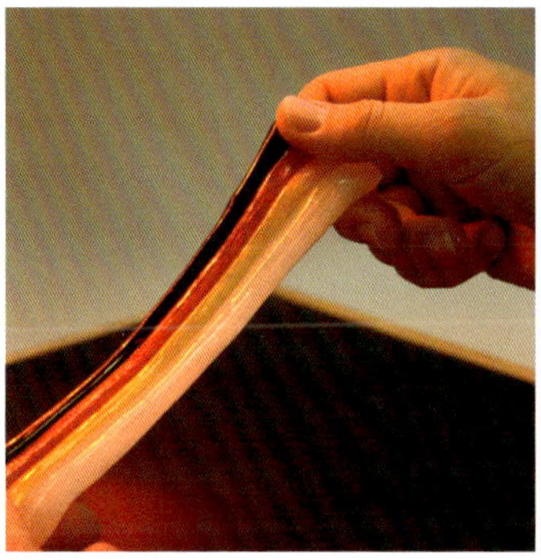

Die Farbstangen an beiden Enden fassen und gleichmäßig in die Länge ziehen.

7

Bänder über einen Holzlöffel legen. Die Enden zusammenkneifen, sodass ein V entsteht.

Tipp: Bitte darauf achten, dass alle Farben immer gleich warm sind, um ein gleichmäßiges Ziehen zu erreichen.

STREIFENARTIG ZIEHEN

8

Für das gezeigte Schleifenband werden 14 Schleifen sowie zwei längere, schräg abgeschnittene Bänder benötigt.

9

Die ersten fünf Schleifen werden am unteren Ende erwärmt und an eine vorab modellierte Kugel angesetzt.

10

In der zweiten Reihe werden fünf Schleifen versetzt in einem Winkel von 45° zur unteren Schleifenreihe angesetzt.

11

Bei der dritten Reihe im 90°-Winkel drei Schleifen ansetzen und als Abschluss die letzte Schleife oben anbringen.

12

Die Schleife kann nun auf eine Platte aufgesetzt oder an einem Schaustück angebracht werden. Dazu muss an der Unterseite der Schleife ein Stück Zucker angesetzt werden, das dann zum Ansetzen der Schleife erwärmt wird.

13

Fertig ist die perfekte Verzierung.

KUGEL BLASEN

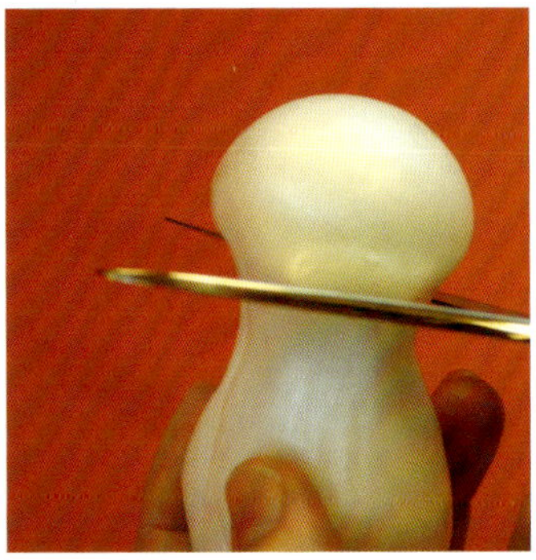

1

Das zum Seidenglanz gezogene Isomalt von oben nach unten einschlagen, sodass eine glatte Oberfläche entsteht. Mittels Daumen und Zeigefinger eine Kugel formen und abschneiden.

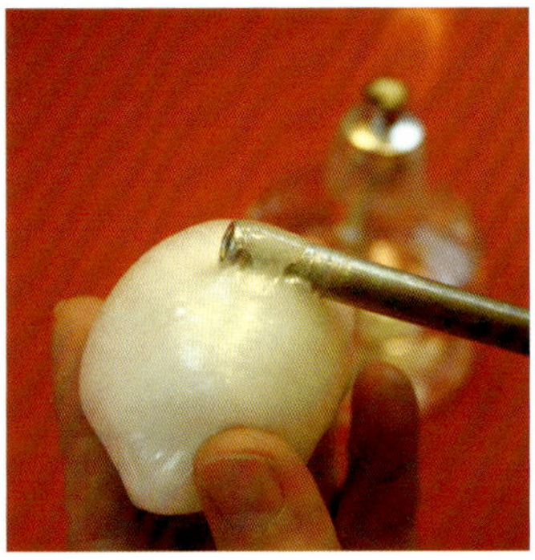

2

Die Handpumpe vorbereiten: Die Spitze des Alu-Röhrchens mit etwas Zucker dünn überziehen.

3

Mit dem Mittelfinger ein Loch (bis zwei Drittel der Gesamtdicke der Kugel) eindrücken.

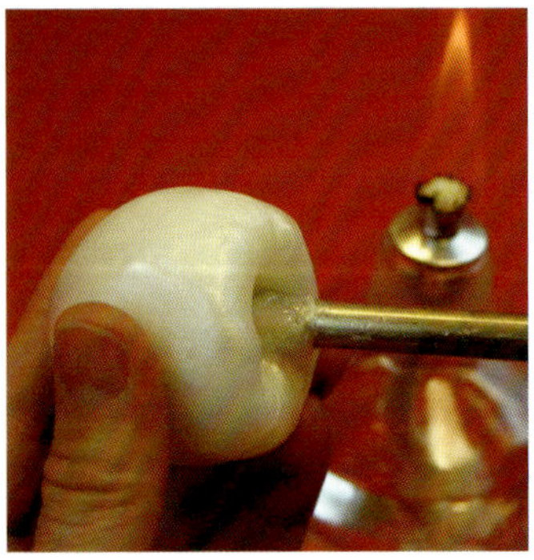

4

Die Spitze der Handpumpe erhitzen und in das Loch (maximal bis zur Hälfte der Tiefe) seitlich ansetzen.

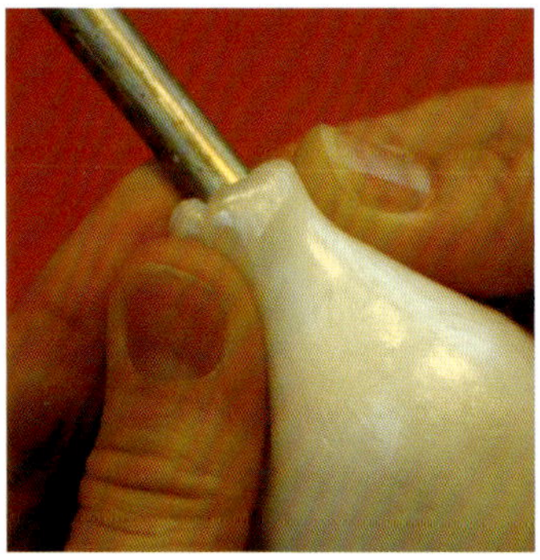

5

Den Zucker rundum leicht an die Kanüle der Handpumpe andrücken.

6

Um eine glatte Ansatzstelle zu erzielen, leicht anmodellieren. Wichtig: An der Kanüle darf keine Luft mehr entweichen!

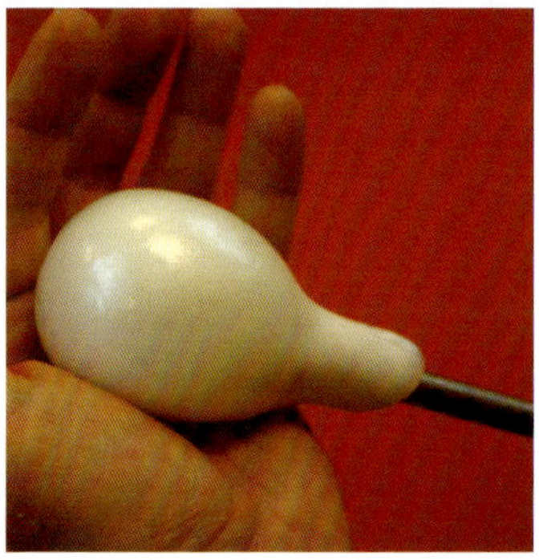

7

Langsam Luft einpumpen und den Zucker mithilfe einer Hand rundformen, bis die gewünschte Größe erreicht ist.

KUGEL BLASEN

8

Die fertig geformte Kugel mit dem Fön (Kaltstufe) ganz abkühlen (zirka 5 Minuten), damit sie sich nicht mehr verformen kann.

10

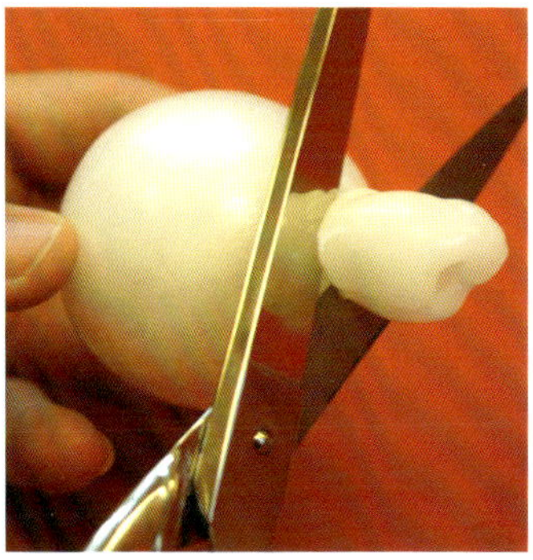

Ansatzstelle der Zuckerkugel nochmals rundum erwärmen und Kugel dort abschneiden.

9

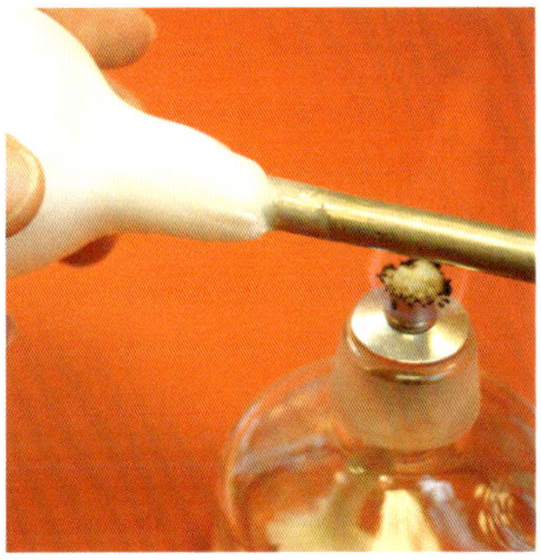

Die Mitte der Kanüle über dem Spiritusbrenner erwärmen, bis sich die Kugel durch leichtes Drehen und Ziehen von alleine abnehmen lässt. Vorsicht: Kanüle wird sehr heiß, Handpumpe nur am Kunststoff-Röhrchen anfassen!

11

Eine perfekt gedehnte Kugel ist Grundlage für viele weitere Formen und Schaustücke.

Tipp: Am Anfang lieber etwas mehr Zucker verwenden, damit die Wände der Kugel dicker sind. Mit zunehmender Übung erreicht man dann, dass die Wände überall gleich dick sind und beim Aufpumpen nicht an einer Seite aufplatzen.

ERWÄRMEN

1

Fertig gekochtes Isomalt in eine mikrowellengeeignete Schüssel mit Gießmatte geben.

2

Je nach Menge in der Mikrowelle bei 500 Watt zirka 2 Minuten erhitzen. Beim Herausnehmen sind zerlaufene und noch feste Zuckerstücke vorhanden.

3

Die Masse mit der Gießmatte von außen nach innen einschlagen, bis eine einheitliche weiche Konsistenz erreicht ist. Vorsicht: Verbrennungsgefahr, Schutzhandschuhe anziehen!

4

Isomaltstücke können parallel zu den Vorbereitungsarbeiten unter die Wärmelampe gelegt werden ...

5

... bis dieselbe weiche Konsistenz wie unter Punkt 3 beschrieben erreicht ist.

6

Die zum Seidenglanz gezogenen farbigen Zuckerstücke können unter der Wärmelampe erhitzt werden.

7

Während dem Arbeiten kann der Zucker warmgehalten werden. Dazu die Zuckerfarben eher am Rand des Arbeitstisches platzieren, damit sie nicht zu heiß werden oder zusammenlaufen.

HÄUFIGE FEHLER

1

Isomalt wird zu lange in der Mikrowelle erhitzt, der Zucker ist zu flüssig und damit zu heiß zur Weiterverarbeitung.

2

Lösung: Zucker abkühlen lassen und für spätere Gießarbeiten verwenden oder beim späteren Zuckerkochen wieder dazugeben.

3

Wärmelampe ist beim Erhitzen zu tief eingestellt, der Zucker wird zu heiß und bleibt auf der Arbeitsstation kleben.

4

Lösung: Wärmelampe ausschalten und höher stellen. Zucker kurz abkühlen lassen, bis er sich leicht von der Gießmatte abziehen lässt.

5

Beim Erhitzen der farbigen Zuckerstücke darauf achten, dass die Zuckerfarben nicht – wie hier – ineinanderlaufen.

6

Lösung: Die Farben auseinanderschneiden und die zerlaufenen Stellen zum Einschmelzen verwenden.

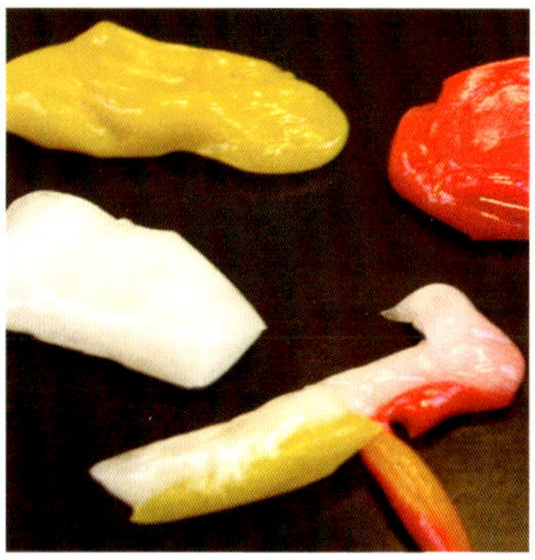

SPINNZUCKER/ FADENZUCKER

1

Isomalt ohne Zugabe von Wasser auflösen.

2

Isomalt von der Herdplatte nehmen. Den Spinnzuckerbesen in das Isomalt eintauchen und so lange warten, bis sich Fäden ziehen lassen.

3

Mit schnellen Bewegungen von links nach rechts und zurück über eine Schüssel oder Behälter gehen. Tipp: Man kann auch einen handelsüblichen Schneebesen verwenden und die Rundungen oben abschneiden.

4

Alternativ kann man mit einer Gabel über eine beliebige (hitzebeständige) Form „spinnen“.

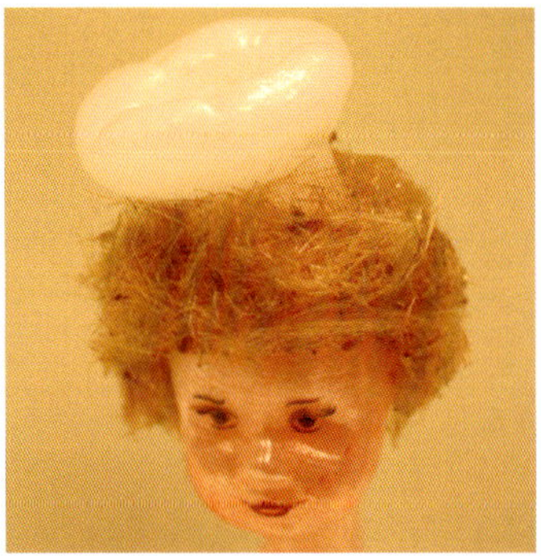

5

Spinnzucker kann vielseitig verwendet werden, zum Beispiel als Haare für eine Zuckerfigur ...

6

... als Deko-Element im Dessertbereich ...

7

... oder als Körbchen zum Befüllen.

Tipp: Entscheidend beim Spinnzucker ist die richtige Temperatur, damit sich Fäden ziehen lassen. Der Zucker darf nicht zu heiß sein. Überschüssige Reste oder misslungene Versuche können problemlos eingeschmolzen werden.

BLASENZUCKER/ WASSEREFFEKT

1

Benötigt werden: Isomalt, Backpapier, hochprozentiger Alkohol, nach Bedarf Farbe.

2

Isomalt ohne Zugabe von Wasser erhitzen.

3

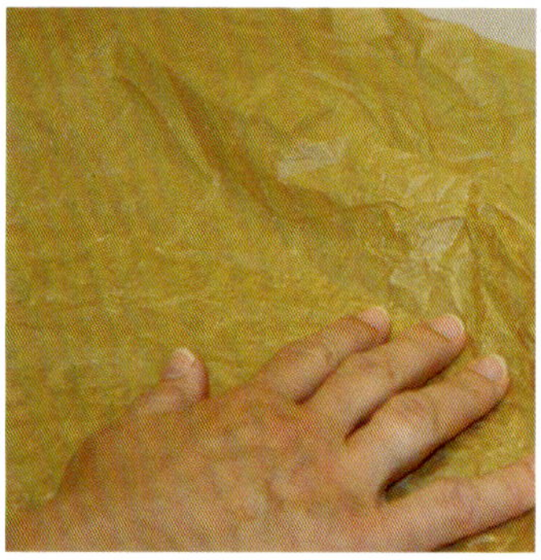

Parallel dazu Backpapier zusammenknüllen und wieder glattstreichen, dann auf einer Marmor-/Granitplatte auslegen.

4

Hochprozentigen Alkohol mit einem Pinsel aufstreichen.

5

Aufgelöstes Isomalt (je nach Bedarf farbig) auf das Backpapier gießen. Durch den heißen Zucker verdampft der Alkohol, und es entsteht keine glatte Zuckerplatte, sondern eine löchrige Oberfläche, die an Wasser(blasen) erinnert.

6

Blasenzucker kann beliebig eingesetzt werden, zum Beispiel als Wassereffekt in Schaustücken ...

7

... oder als Deko-Element für Torten, Petit fours, Cocktails oder Desserts.

HOLZZUCKER/ SCHIEFEREFFEKT

1

Die benötigte Menge Isomalt unter die Wärmelampe legen; für die Farbe Braun zum Beispiel 3 Teile Gelb, 1 Teil Blau, 1 Teil Rot verwenden.

2

Isomalt unter dem Kaltfön 14- bis 16-mal zum Seidenglanz ziehen. Darauf achten, dass der Zucker nur lose übereinandergelegt wird, nicht zusammenpressen.

3

Mit einem Fön gut abkühlen, sonst verliert der Zucker seinen Glanz.

4

Der Holzzucker kann individuell für entsprechende Effekte bei Schaustücken oder als Deko-Element eingesetzt werden.

5

Das fertige Schaustück.

Tipp: Den Fön erst ab dem zehnten Ziehen einsetzen, sonst ist der Zucker zu schnell kalt und bricht.

FELSENZUCKER/ STEINSTRUKTUR

Grundrezept

500 g Kristallzucker
175 g Wasser
1 EL feste Eiweißglasur → 30 g Eiweiß
150 g Puderzucker
2 bis 3 Tropfen Zitronensaft
Eiweiß mit Puderzucker und Zitronensaft schaumig rühren.

1

Benötigt werden: Kochplatte, Topf, Zuckerthermometer, Holzlöffel, feste Eiweißglasur, Wasser, Zucker, Marmor-/Granitplatte zum Ausgießen.

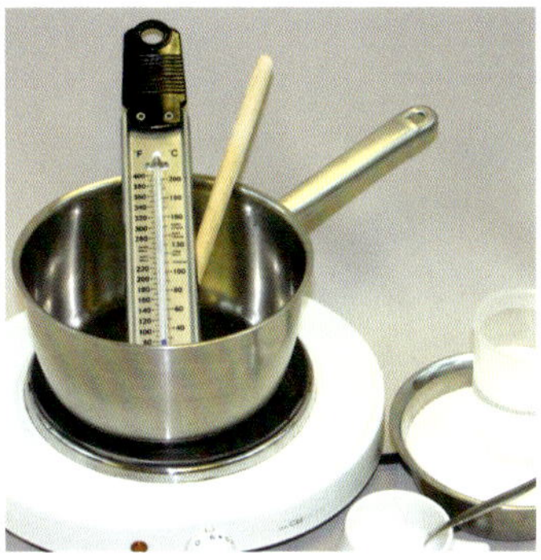

2

Zucker und Wasser auf 150° C erhitzen, dann vom Feuer nehmen.

3

1 EL Eiweißglasur in den Topf geben und kräftig rühren.

4

Die Masse quillt auf – weiterrühren. Die Zuckermasse fällt zusammen – weiterrühren. Topf wieder auf die Kochplatte stellen – die Masse quillt erneut auf.

5

Dann zügig auf eine Back-/Gießmatte ausgießen. Das Volumen der Masse erreicht ausgegossen in etwa das Doppelte der Menge im Topf.

6

Eine grobkörnige Struktur entsteht, die an porösen Stein oder Felsen erinnert. Nach vollständigem Abkühlen kann der Felsenzucker in Stücke gebrochen und in verschließbaren Behältern abgeräumt werden.

7

Felsenzucker kann für allerlei Effekte und Aufbauten bei Schaustücken eingesetzt und beliebig durch Airbrushing eingefärbt werden.

Tipp: Für die Herstellung von Felsenzucker einen ausreichend großen Topf wählen und eine entsprechend große Gießfläche, da die Masse stark aufquillt. Die Eiweißglasur darf nicht zu flüssig, sondern sollte gut fest sein.

MEHRFACH-FORMEN

1

Ausstecher

Zum Gießen von Zuckerteilen oder Platten können beliebige Formen und handelsübliche Ausstecher verwendet werden. Wichtig: Hitzebeständigkeit! Ausstecher vorher leicht einölen.

2

Ausstecher sind beliebig oft verwendbar.

3

Schnell und exakt hergestellte Herzform.

1

Silikonmatten

Zur Herstellung eigener Formen eignen sich Silikon-Matten (5 Millimeter dick). Die gewünschte Form als Vorlage aufzeichnen.

2

Mit einem scharfen Cutter-Messer herausschneiden.

3

Die Formen ausgießen, dabei die Ränder gegebenenfalls beschweren, damit die Matte fest auf der Unterlage aufliegt. Die Formen abkühlen lassen.

4

Die Matte erst entfernen, wenn die Herzen fest sind, sonst verformen sie sich oder bleiben kleben. Die Matte ist wiederverwendbar.

Tipp: Ausstecher sind teurer, aber auch anderweitig und vielseitig einsetzbar. Silikon-Matten sind sehr teuer, eignen sich für den Dauergebrauch.

MEHRFACH-FORMEN

1 Blechband-Formen

Aus Blechband können ebenfalls individuelle Motive geformt werden. Sinnvoll ist eine Skizze als Vorlage.

2

Mithilfe einer Drahtzange kann das Blechband entsprechend der Vorlage gebogen werden.

3

Die Bandenden werden etwas angeschliffen und dann zusammengelötet. Diese Methode erfordert etwas Übung und Präzision beim Biegen.

4

Dann kann die fertige Form ausgegossen werden. Auch diese Form ist beliebig oft wiederverwendbar.

1 Moosgummi-Formen

Moosgummi-Matten mithilfe eines Sprühklebers zur gewünschten Dicke zusammenkleben.

2

Das Motiv mithilfe einer Zeichnung/Vorlage auftragen.

3

Mit einem scharfen Cutter-Messer die Form ausschneiden.

4

Die Matte seitlich beschweren, die Herzen ausgießen und abkühlen lassen. Die Matte vorsichtig entfernen. Auch sie ist mehrfach verwendbar.

Tipp: Blechband ist günstiger, die Herstellung der Form ist individuell, aber aufwendiger. Moosgummi-Matten sind preisgünstig, leicht zu schneiden, für Einsteiger ideal.

Einmal-Formen

1

Plastilin-Form

Plastilin ist eine Knetmasse, die ausgerollt und modelliert werden kann. Mit zwei Metallstangen kann beim Ausrollen eine gleichmäßige Dicke erreicht werden.

2

Dann kann eine beliebige Form ausgestochen oder ausgeschnitten werden.

3

Die Innenseiten mit dünnen Alufolie-Bändern auslegen. Wird dies versäumt, bleiben Plastilinreste an der Zuckerform haften, die nur schwer zu entfernen sind.

4

Formen ausgießen und abkühlen lassen. Dann Plastilin und Alupapier entfernen. Diese Form eignet sich nur für den Einmal-Gebrauch. Das Plastilin kann jedoch wiederverwendet werden. Wichtig: Luftdicht aufbewahren!

1

Weizenpuder-Form

Die gewünschte Gießform muss aus Karton ausgeschnitten und mit einer „Halterung" zum Herausnehmen versehen werden.

2

Dann die Form auf eine Gießmatte legen und mit Weizenpuder einstauben. Dazu ein Sieb verwenden, damit eine gleichmäßige Oberfläche entsteht.

3

Jetzt die Form vorsichtig herausnehmen, das Herz ausgießen und abkühlen lassen.

4

Den Weizenpuder mit dem Pinsel von der gegossenen Form entfernen. Auch diese Methode eignet sich für den Einmal-Gebrauch, allerdings kann auch hier der Weizenpuder für weitere Formen verwendet werden.

Tipp: Beide Methoden für Einmal-Formen sind preisgünstig und erlauben individuelle Motive. Für Serienfertigungen sind sie nicht geeignet.

OBSTGALERIE APFEL

1

Kugel in gewünschter Farbe dehnen.

2

Kugel leicht von der Kanüle wegziehen, damit die typische Form entsteht.

3

Am unteren Ende eine Vertiefung eindrücken. Dies ist nachher die Oberseite des Apfels.

4

Die Form mit dem Fön komplett abkühlen.

5

Den Apfel durch Erwärmen der Kanüle wieder abnehmen und am Ansatz abschneiden.

6

Den Apfel mittels Airbrush nach Belieben schminken. Tipp: Farbe vorsichtig auftragen, damit es keine hässlichen Tropfen gibt!

7

Das typische Apfel-Muster kann auch mit einem Pinsel aufgetragen werden.

8

Mit Stiel und Blatt kann der Apfel komplettiert werden.

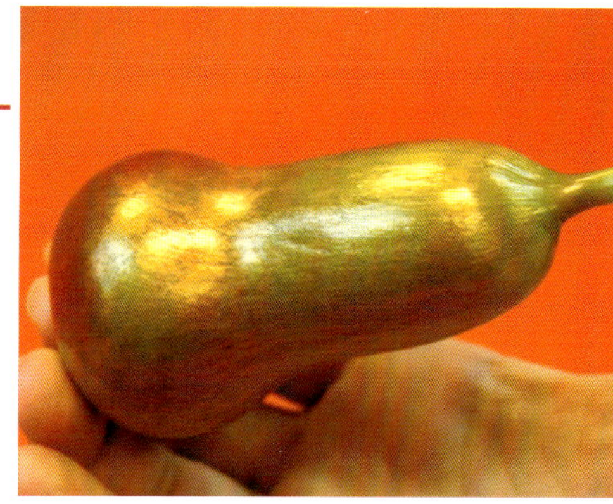

OBSTGALERIE
BIRNE

1

Kugel dehnen und in die Länge ziehen.

2

Die Kugel bei etwa einem Drittel abdrücken (taillieren).

3

Unten leicht eindrücken.

4

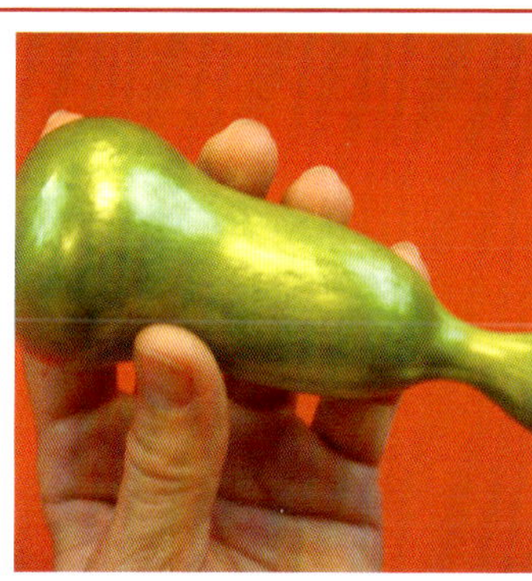

Form nochmals etwas in die Länge ziehen und so modellieren, dass sie oben dicker und zur Kanüle hin schlanker ist. So entsteht die typische Birnenform.

5

Die Birne mit dem Fön vollständig abkühlen.

6

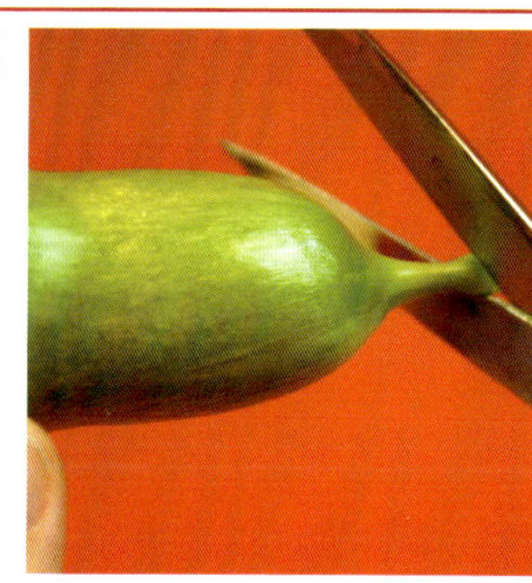

Wie gewohnt die Birne durch Erwärmen der Kanüle abnehmen. Beim Erwärmen des Ansatzes kann dieser – leicht zusammengedrückt – gleich als Stiel verwendet werden.

7

Mit dem Airbrush die Birne nach Belieben leicht rotbraun schminken und mit einem Blatt komplettieren.

OBSTGALERIE BANANE

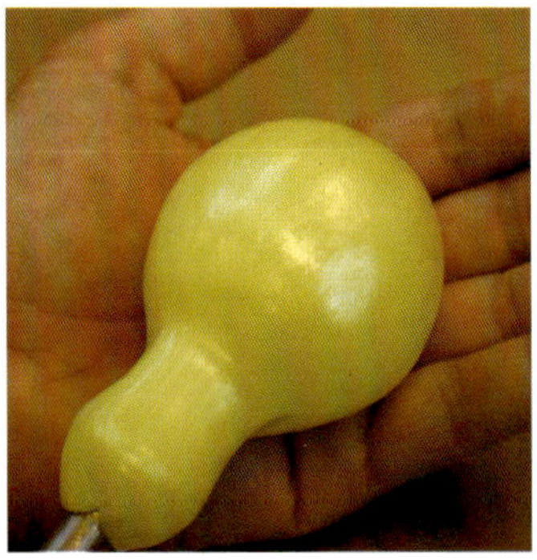

1

Gelbe Kugel in gewünschte Größe dehnen. Für die Banane bitte ausreichend Zucker verwenden.

2

An der Kugel den für Bananen typischen Stiel herausmodellieren und dann weiter dehnen.

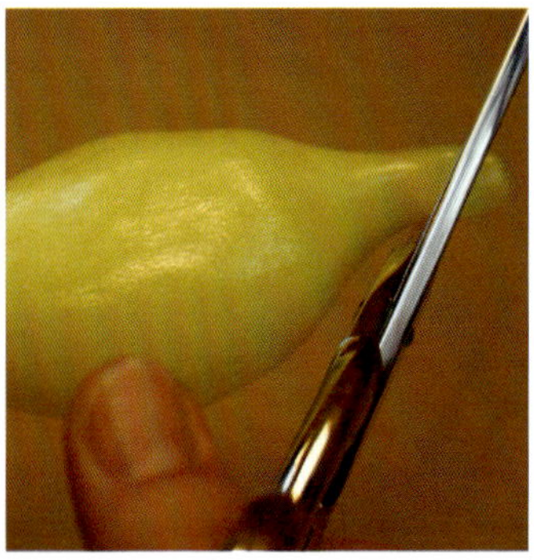

3

Den Stiel schräg abschneiden.

4

Durch das Auf- und Zumachen der Hand die Kugel langsam in die Länge ziehen und gleichzeitig schmal modellieren.

5

Die Banane in die gewünschte Form und Länge bringen, leichte „Kanten" modellieren. Am besten geht es, wenn man die Bananenform auf eine geeignete Unterlage legt.

6

Die Bananenform komplett abkühlen.

7

Das untere Ende nochmals erwärmen und viereckig zusammendrücken, dann nach Erwärmen des Ansatzes diesen abschneiden.

8

Banane mit brauner Farbe schminken.

OBSTGALERIE APRIKOSE, PFLAUME

1

Gelbe Kugel in gewünschte Größe dehnen.

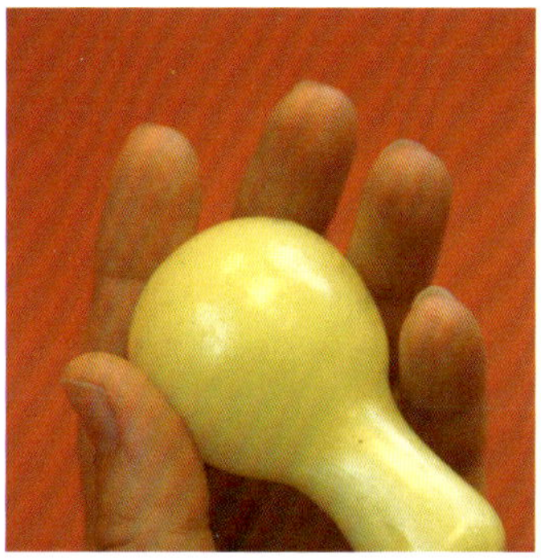

2

Mit der Schere in der Mitte von unten nach oben einkerben.

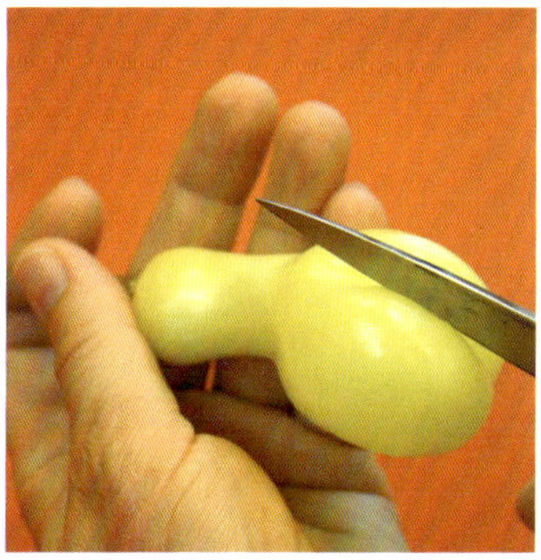

3

Wird der Ansatz rund modelliert, erleichtert dies das spätere Abschneiden.

4

Abkühlen und den Ansatz ganz eng an der Frucht abschneiden.

5

Mittels Airbrush auf beiden Seiten der Frucht rote Farbe auftragen …

6

... und sofort in Staubzucker oder Weizenstärke wälzen. Danach den überschüssigen Staubzucker mit einem Pinsel entfernen. Die Aprikose erhält so ihr typisch samtiges Aussehen.

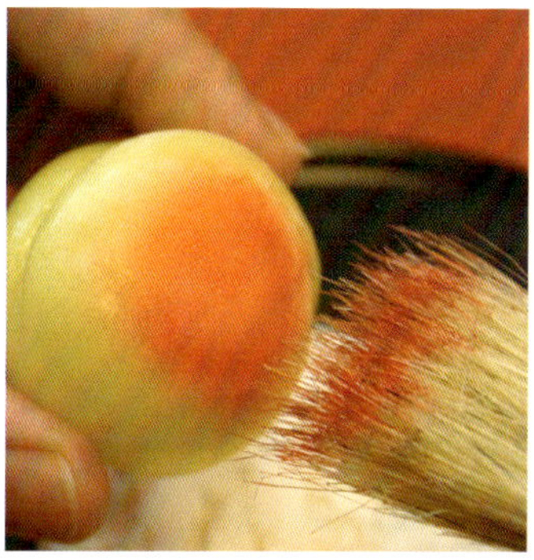

7

Die Herstellung von Pfirsich, Pflaume und Zwetschge ist die gleiche wie bei der Aprikose – es variieren Farbe und Größe der Frucht.

OBSTGALERIE ERDBEERE

1

Etwas Kristallzucker dem zum Seidenglanz gezogenen roten Zucker beigeben.

2

Den Kristallzucker beim Einschlagen unterwirken, sodass eine körnige Struktur sichtbar wird.

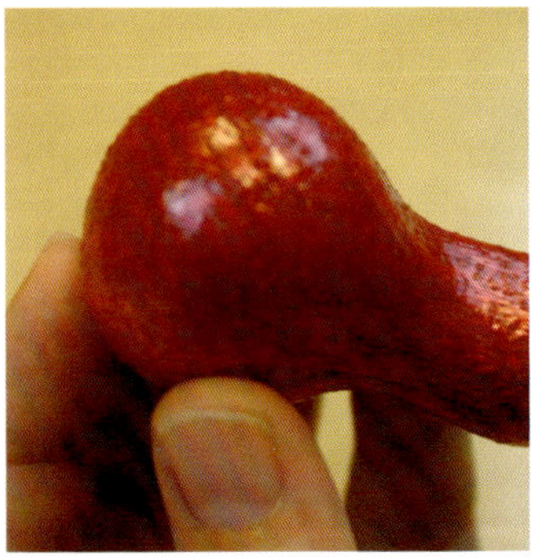

3

Kleine Kugel dehnen.

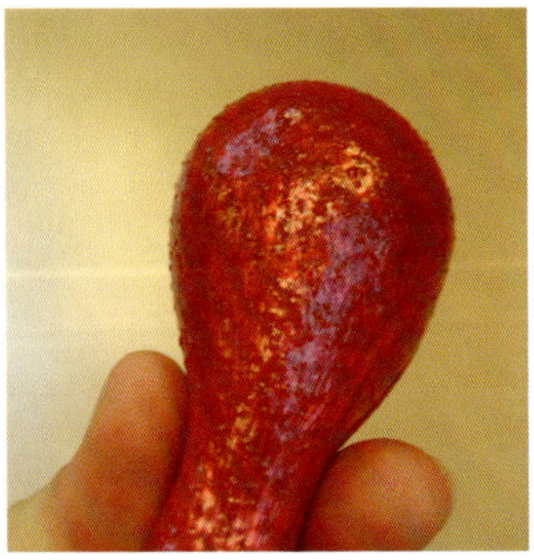

4

Leicht längsziehen, sodass eine Tropfenform entsteht.

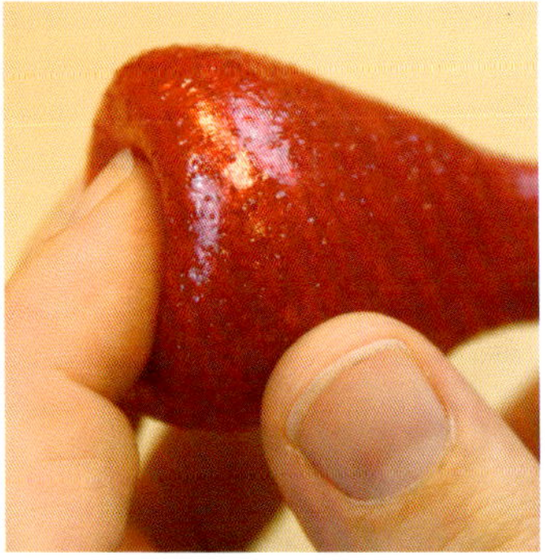

5

Wie beim Apfel kleine Vertiefung eindrücken ...

6

... und zweimal über Kreuz einkerben. Eventuell nochmals leicht Luft einpumpen.

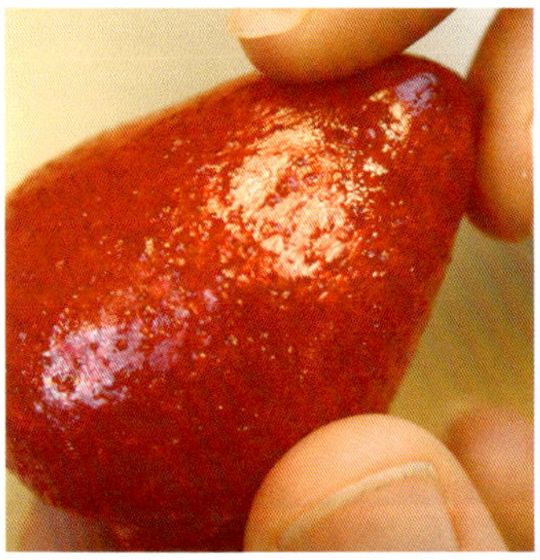

7

Erdbeerform von der Kanüle abschneiden und leicht zumodellieren.

8

Kleine Blätter und ein Stiel komplettieren die Erdbeere.

Tipp: Der Zucker sollte etwas wärmer sein, denn durch die Hinzugabe von Kristallzucker wird er leicht zäh und kühlt schneller ab.

OBSTGALERIE KIRSCHE, HIMBEERE

1

Kirsche

Zwei kleine, rote Kugeln blasen, kleine Delle eindrücken.

2

Die Form rund abschneiden.

3

Zwei dünne, grüne Stiele herausziehen, abkühlen und danach an die Kugeln ansetzen.

1

Himbeere, Brombeere

Ein kleines Stück roten oder brombeerfarbenen Zucker abschneiden, leicht rund modellieren. Sofort durch ein grobmaschiges Sieb drücken, bis die typische Beerenstruktur sichtbar ist.

2

Die Beerenform abschneiden. Nach Bedarf leicht zusammenmodellieren.

3

Beere beliebig mit ein oder zwei kleinen, grünen Blättern garnieren.

4

Die fertige Himbeere und Brombeere.

OBSTGALERIE ZITRONE, MANDARINE

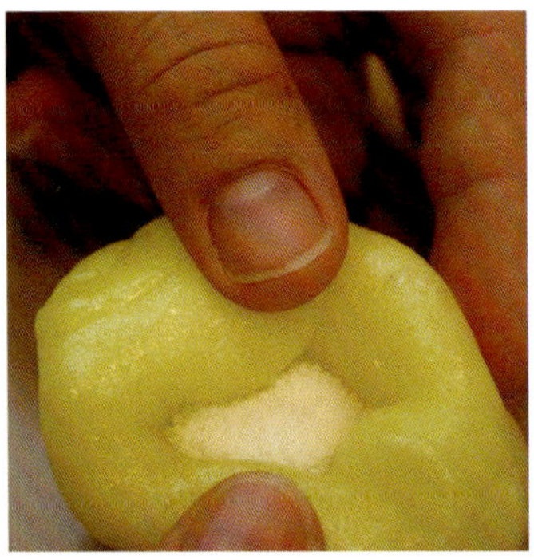

1

Zitrone

Etwas Isomalt in den gelben, zum Seidenglanz gezogenen Zucker einarbeiten (gleiches Prinzip wie bei der Erdbeere, allerdings mit Isomalt wegen der gröberen Struktur).

2

Kugel dehnen, oben und unten leicht spitz zumodellieren.

3

Nochmals leicht Luft einpumpen und die gewünschte Form modellieren. Dann komplett abkühlen, von der der Kanüle abnehmen und Ansatz abschneiden.

4

Zitrone leicht grün mittels Airbrush schattieren.

1

Mandarine/Orange

Herstellung wie bei der Zitrone mit orangefarbigem Zucker und Einarbeitung von Isomalt. Kugel dehnen, Mandarinenform modellieren, leichte Delle eindrücken.

2

Das kleine Zentrum der Mandarine ansetzen und im noch warmen Zustand einkerben.

3

Eine Orange kann wie die Mandarine – nur größer, ohne Delle und ohne Zentrum – hergestellt werden.

OBSTGALERIE
FERTIGE OBSTSCHALE

BLUMENGALERIE OSTERGLOCKE

1

Sechs gelbe Blätter herausziehen, mithilfe eines Stempels eine leicht gerillte Struktur geben und in die gewünschte Form modellieren.

2

Drei Blätter zusammensetzen.

3

Die nächsten drei Blätter versetzt dazwischen anbringen.

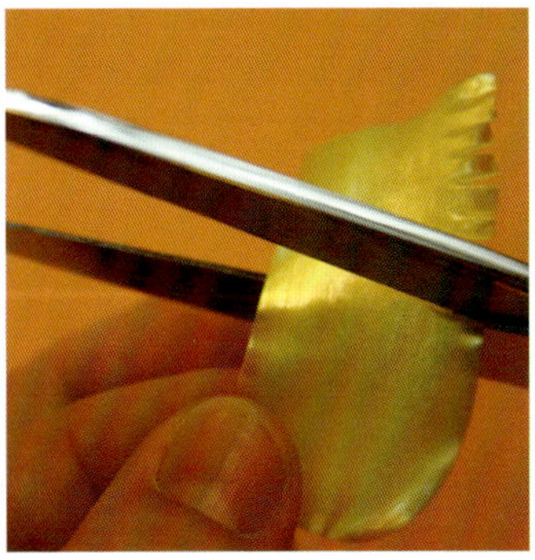

4

Etwas längeres Band herausziehen und an einer Seite einschneiden.

5

Das Band mithilfe eines Holzlöffels, Rollholzes oder Ähnlichem rundformen und an den Enden zusammenbringen.

6

Den Kelch in der Mitte der Blüte ansetzen.

7

Feine Staubfäden ziehen und oben auseinanderschneiden.

8

Die Staubfäden vorsichtig in den Kelch einsetzen. Gut kühlen!

BLUMENGALERIE MARGERITE, CALLA

1

Margerite

Für das Zentrum kleine, runde Kugel abschneiden.

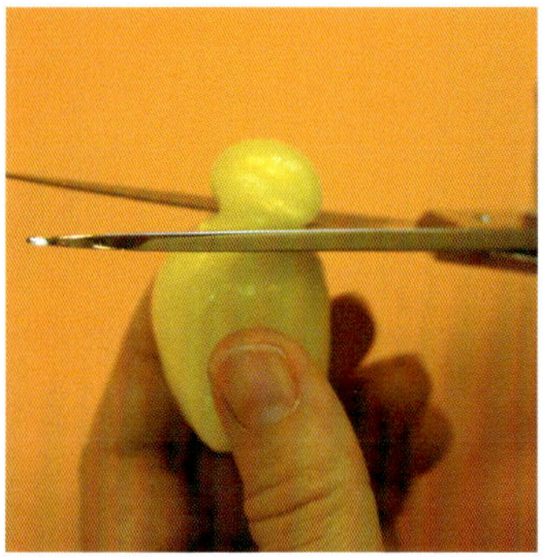

2

Mit einem Sieb dem Blütenstempel die gewünschte Struktur geben.

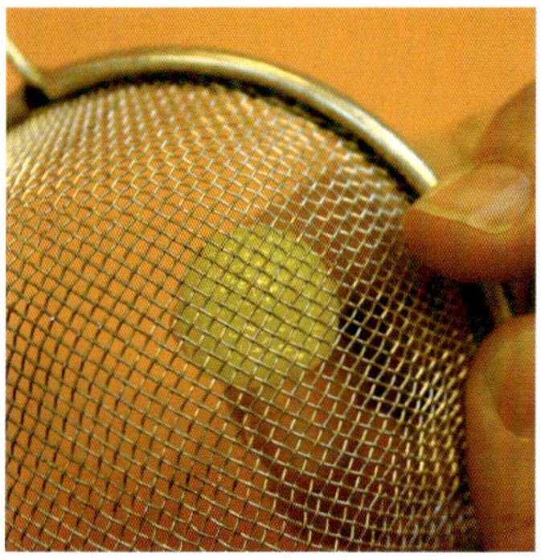

3

Für die Margerite werden 12 bis 14 längliche, weiße Blütenblätter benötigt. Blütenblätter herausziehen und rings um den Stempel anbringen.

4

Bei der zweiten Reihe die restlichen Blütenblätter versetzt anbringen. Fertig.

1

Calla

Einen länglichen Keil abschneiden, leicht biegen und mit einem Sieb die Struktur geben.

2

Ein breites, weißes Band ziehen und nach oben hin spitz abschneiden.

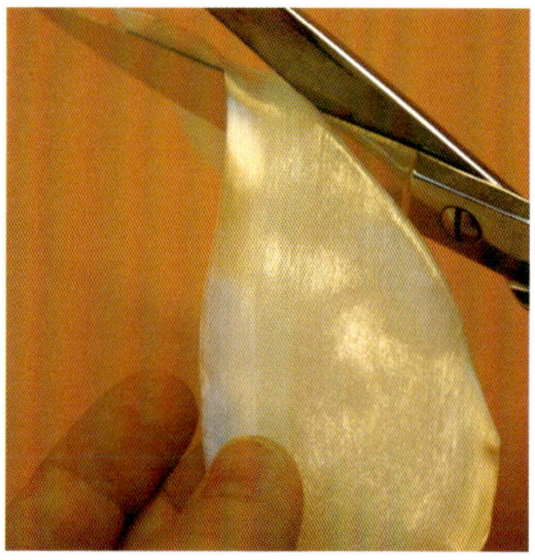

3

Die Blüte in Form modellieren und vorne schließen.

4

Zuletzt den gelben Blütenstempel einsetzen. Fertig.

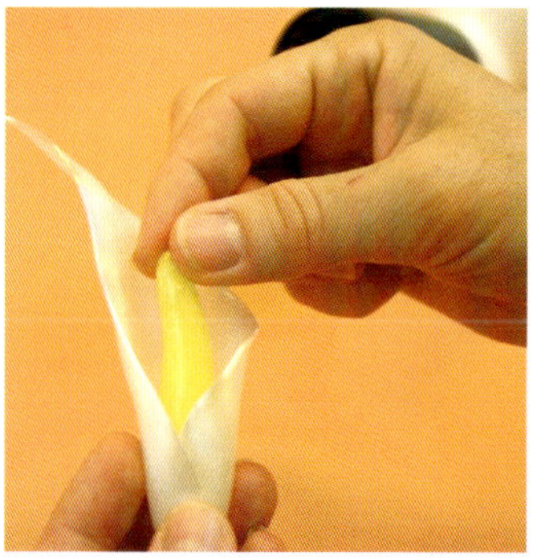

Blumengalerie Sonnenblume

1

Pro Blume werden – je nach Größe – 16 bis 20 gelbe Blütenblätter benötigt. Diese werden – streifenartig – herausgezogen.

2

Zum Ansetzen der Blätter eine runde, flache Scheibe modellieren. Kreisförmig um die modellierte Scheibe die Blätter ansetzen.

3

Eine zweite Reihe leicht versetzt zur ersten anordnen.

4

Für das Blütenzentrum eine modellierte Scheibe aus braunem Zucker mit einem Strukturholz einkerben.

5

Im noch warmen Zustand das Zentrum leicht rund biegen ...

6

... und an der Unterseite ein Stück Zucker ansetzen, mit dem es dann auf die Blüte aufgesetzt wird.

BLUMENGALERIE MOHNBLUME

1

Für das Zentrum benötigt man kleine, schmale „Tropfen", die aus schwarzem Zucker gezogen werden.

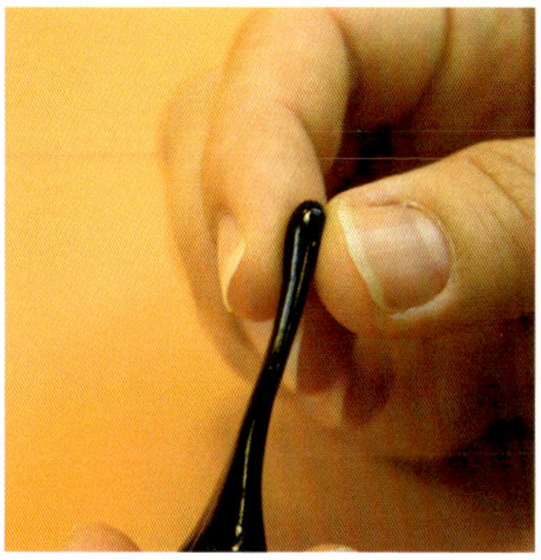

2

Zirka 1 Zentimeter lang abschneiden, benötigt werden sieben bis acht Stück.

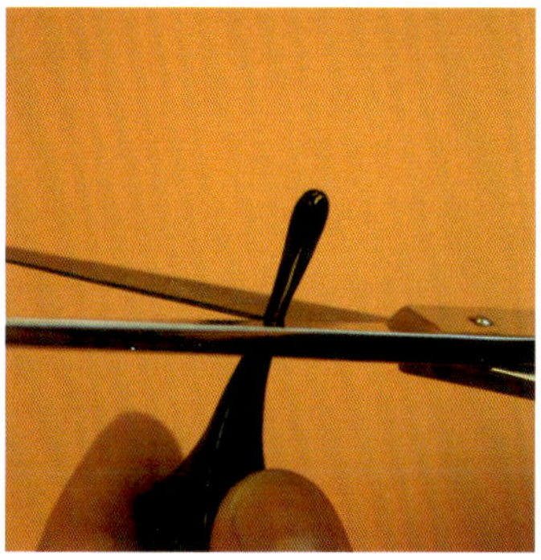

3

Die kleinen Tropfen kreisförmig aneinandersetzen, dann beiseite legen.

4

Für die Blüte werden vier große Blätter benötigt, die aus rotem Zucker herausgezogen werden.

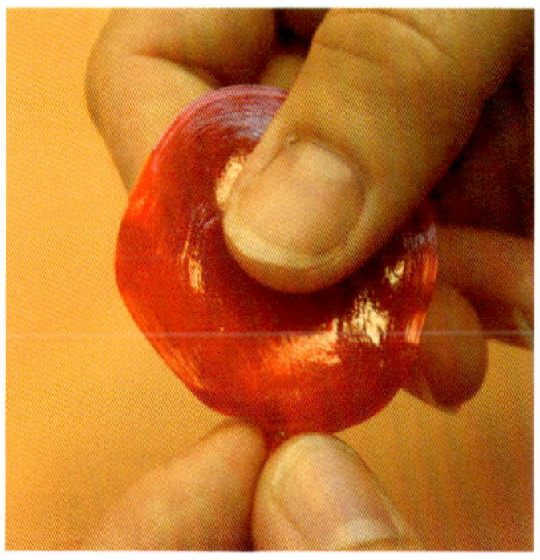

5

Das noch warme Blatt an der Außenseite dreimal (links, rechts und oben) auseinanderziehen, sodass eine leicht wellige Struktur entsteht. Blätter dann komplett abkühlen.

6

Dann die vier Blätter unten erwärmen und zusammensetzen.

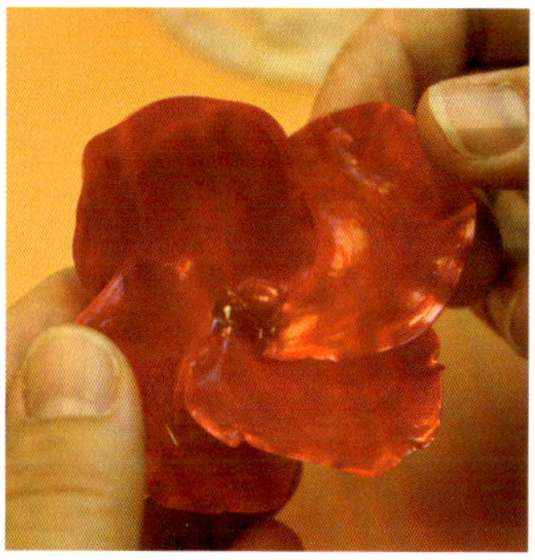

7

Das schwarze Zentrum wird mit einem Gemisch aus Weizenpuder und blauer Lebensmittelfarbe gepudert und dann in die Mitte der Blüte eingesetzt.

8

Die fertige Mohnblume.

BLUMENGALERIE ORCHIDEE

1

Für schwierigere Blumenformen ist eine Vorlage sehr von Vorteil.

2

Weißes, längliches Blatt herausziehen und abkneifen. Insgesamt werden fünf gleiche Blätter benötigt.

3

Dem Blatt mit einem Strukturholz oder Stempel sofort nach dem Herausziehen die Rillenstruktur geben und entsprechend der Vorlage biegen.

4

Vier Blätter werden leicht nach hinten, das fünfte Blatt leicht nach vorne gebogen.

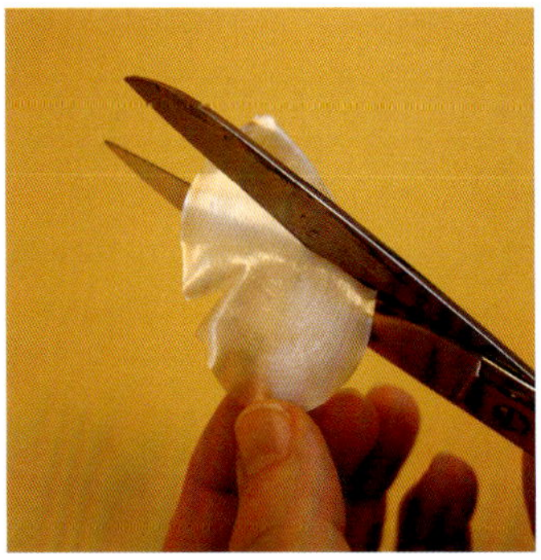

5

Für das Zentrum wird ein großes Blatt herausgezogen und zweimal seitlich eingeschnitten.

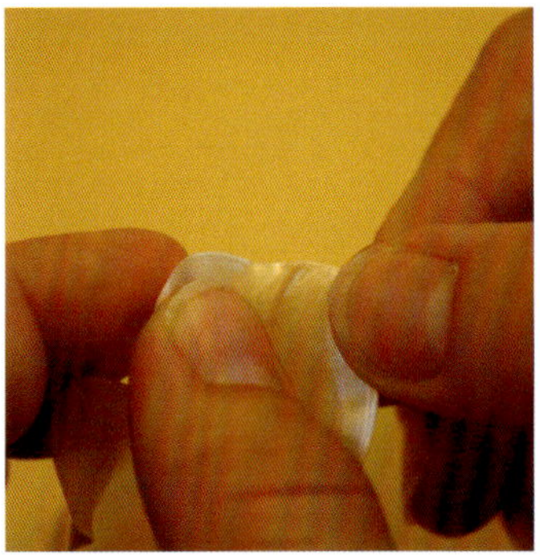

6

Am runden Ende wird der Blattrand durch leichtes Auseinanderziehen „gedehnt“ ...

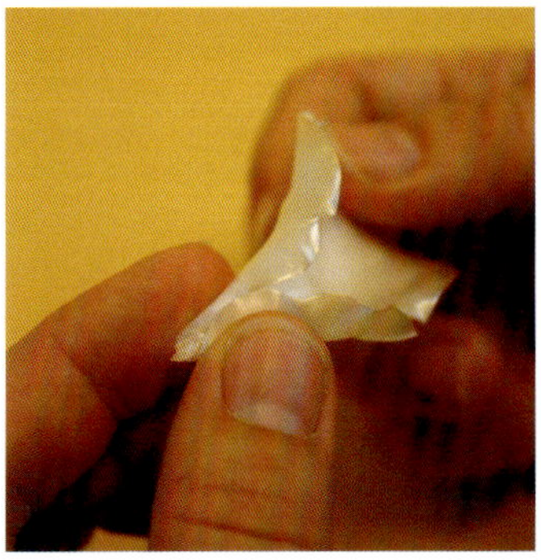

7

... und am unteren Ende zusammengedrückt.

8

Für den Blütenstempel ein schmales, gelbes Band herausziehen und am unteren Ende zusammendrücken.

BLUMENGALERIE ORCHIDEE

9

Am oberen Ende eine kleine Kugel aufsetzen.

10

Das Blütenzentrum mit dem Pinsel schminken.

11

Den gelben Stempel ins Blütenzentrum einsetzen.

12

Die Blüte – der Vorlage entsprechend – zusammensetzen.

13

Grünen Stiel modellieren und an der Rückseite der Orchidee ansetzen.

14

Große, längliche Blätter herausziehen, mit dem Stempel Struktur geben und in die gewünschte Form biegen.

15

Die Blätter am Stiel ansetzen.

16

Die fertige Orchidee.

BLUMENGALERIE ROSE

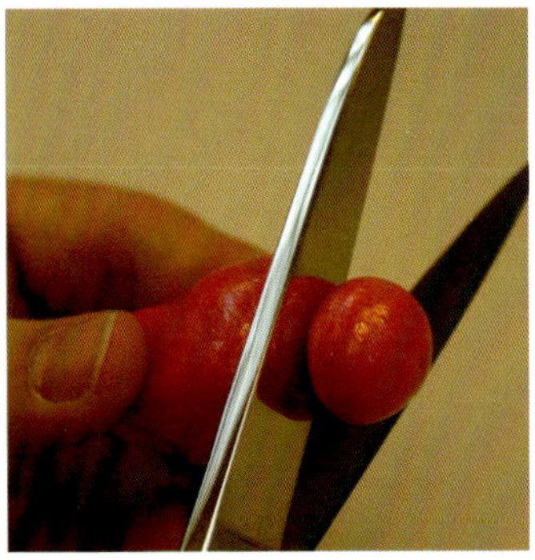

1

Kleine Kugel abschneiden.

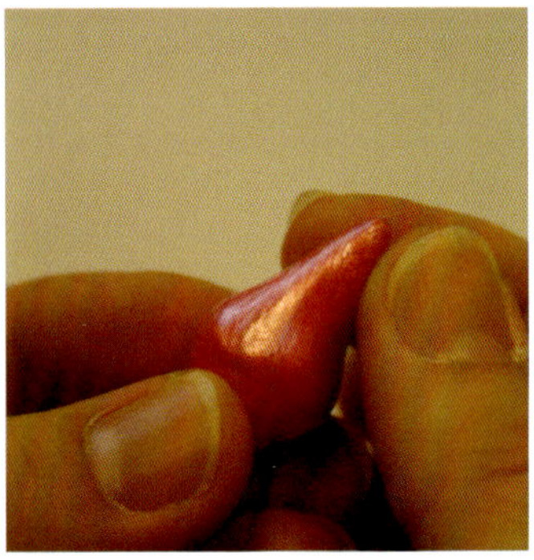

2

Aus der Kugel heraus einen kleinen Kegel modellieren.

3

Die erste Reihe besteht aus zwei kleinen Blättern. Sie werden gegenüberliegend um den Kegel herum angesetzt.

4

Die zweite Reihe besteht ebenso aus zwei kleinen Blättern, gegenüberliegend etwas unterhalb der ersten Reihe, angesetzt.

5

Für die dritte Reihe werden drei etwas größere Blätter benötigt. Das erste Blatt herausziehen, in der Mitte mit dem Daumen Vertiefung eindrücken und dann die rechte Seite nach hinten biegen.

6

Im noch warmen Zustand wird das erste Blatt leicht schräg an das Zentrum angesetzt.

7

Das zweite Blatt wird ebenfalls eingedrückt und nach hinten gebogen.

8

Mit dem dritten Blatt schließt sich die Blattreihe dann um das Zentrum.

BLUMENGALERIE ROSE

9

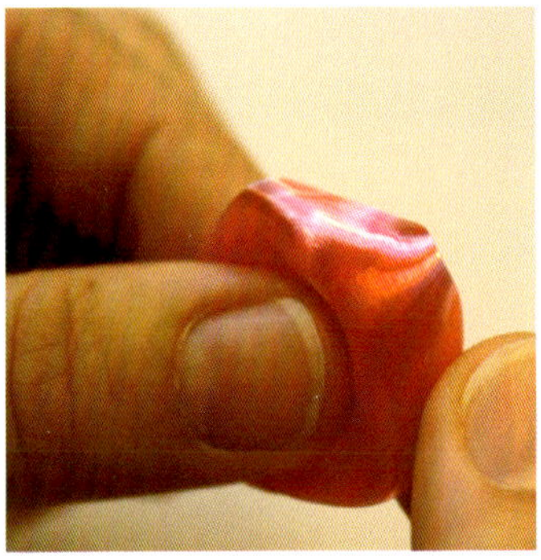

Für die letzte Reihe werden nun vier große Blätter (etwa doppelt so groß wie die vorherigen) benötigt. Die Blätter werden wie gewohnt eingedrückt, links und rechts umgebogen.

10

Das Blatt wird in der Mitte leicht spitzig zusammengekniffen. Die anderen drei großen Blätter werden ebenfalls so geformt und zur Seite gelegt.

11

Ein häufiger Fehler: Die Blattspitze wird zu stark zusammengedrückt. So bitte nicht!

12

Die vier Blätter werden nun gut erwärmt und ringsrum angesetzt. Darauf achten, dass beim Ansetzen die Blätter gut erwärmt sind und zügig gearbeitet wird, damit die Blätter zuletzt nochmals in die richtige Position verschoben werden können.

13

Für Rosenknospen ist die Herstellung gleich wie bei der Rose bis zur zweiten Blattreihe. Dann Knospe mit drei kleinen, grünen Blättern ummanteln.

14

Ein kleines Schaustück-Arrangement mit Zuckerplatten und Holzzucker herstellen.

15

Bei der Anordnung von Rosen, Blättern und Knospen darf der Kreativität freier Lauf gelassen werden.

Tipp: Das Rosenzentrum ist der höchste Punkt. Die jeweilige Blattreihe immer ein Stück weiter unten ansetzen als die vorherige, sonst entsteht eher ein Salatkopf als eine Rose.

KONDITOR/KOCH

1

Bei der Herstellung von Schaustücken ist eine Zeichnung als Vorlage sehr hilfreich, um Proportionen besser einhalten zu können. Zunächst Schuhe aus einer Kugel heraus in Form modellieren.

2

Für eine graue Hose werden 20 Teile farbloses, 1 Teil schwarzes Isomalt benötigt. Dieses zum Seidenglanz ziehen und große Kugel dehnen.

3

Die Beine werden aus der Kugel, die in die gewünschte Länge gezogen und schmal modelliert wurde, hergestellt. Mit den Fingern können Details wie zum Beispiel Hosenfalten eingedrückt werden.

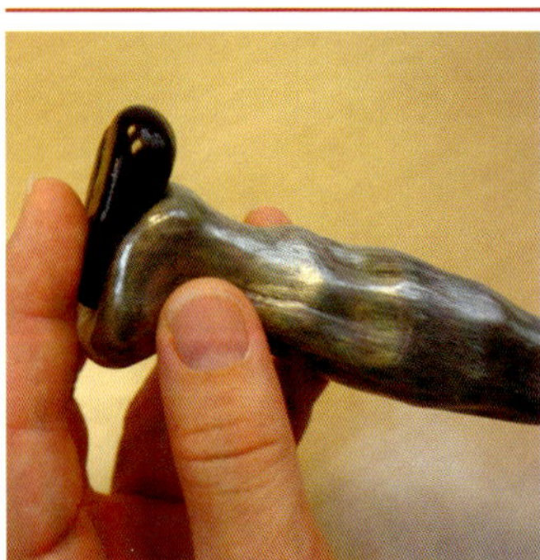

4

Die Schuhe können gleich an die noch warmen Hosenbeine angesetzt werden. Danach komplett abkühlen.

5

Beide Beine auf die Bodenplatte setzen ...

6

... an der oberen Seite erwärmen und gut andrücken.

7

Der Körper besteht aus einer Birnenform, die im warmen Zustand auf die Beine aufgesetzt ...

8

... und oben gleich abgeschnitten wird. Wichtig: Den ganzen Körper jetzt gut abkühlen, da er sich sonst verformen oder gar kippen könnte.

Tipp: Die Bodenplatte gut erhitzen, damit die Figur einen festen Stand hat.

KONDITOR/KOCH

9

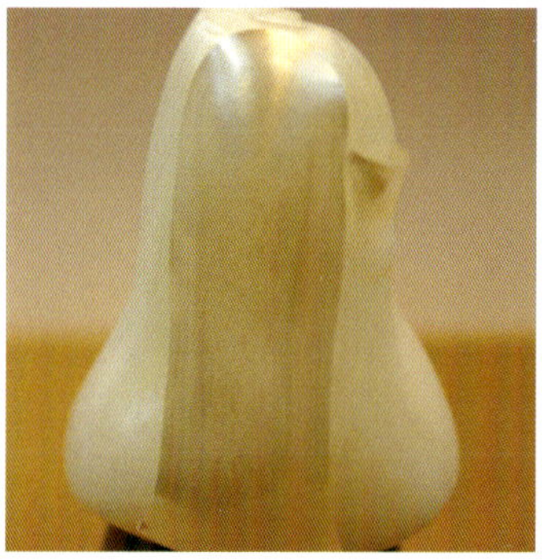

Die Knopfleiste wird als schmales, weißes Band aufgelegt. So kann auch eine Brusttasche angebracht werden.

10

Die Knöpfe werden als kleine Kügelchen modelliert (6 bis 8 Stück, je nach Größe der Figur) ...

11

... kurz erwärmt und mit der Schere an die Knopfleiste angesetzt.

12

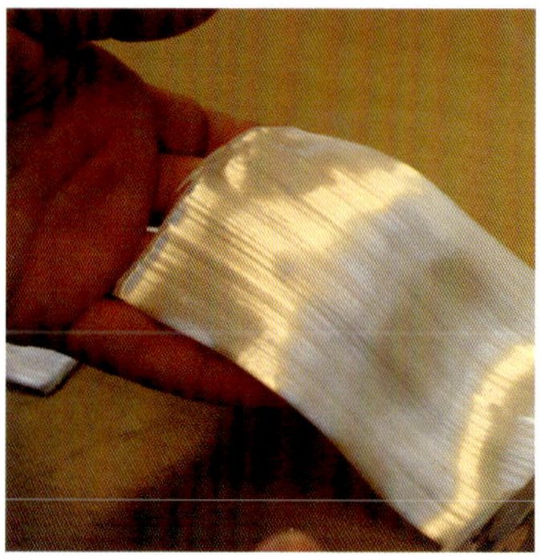

Die Schürze wird streifenartig gezogen, in die gewünschte Form geschnitten ...

13

... und angesetzt.

14

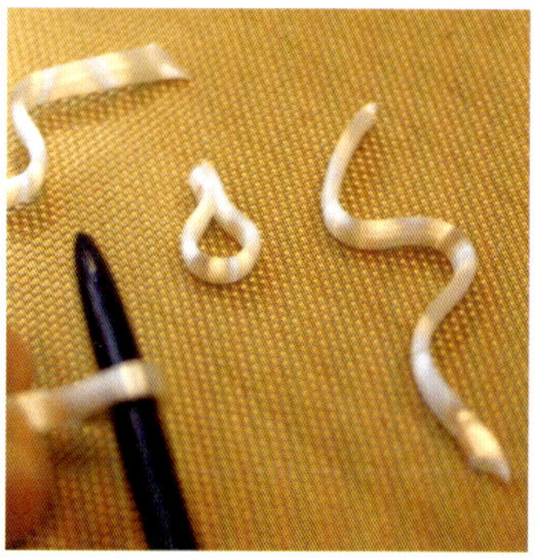

Für die Bändel schmale Zuckerstreifen abschneiden, mit einem Pinsel Schleifen modellieren.

15

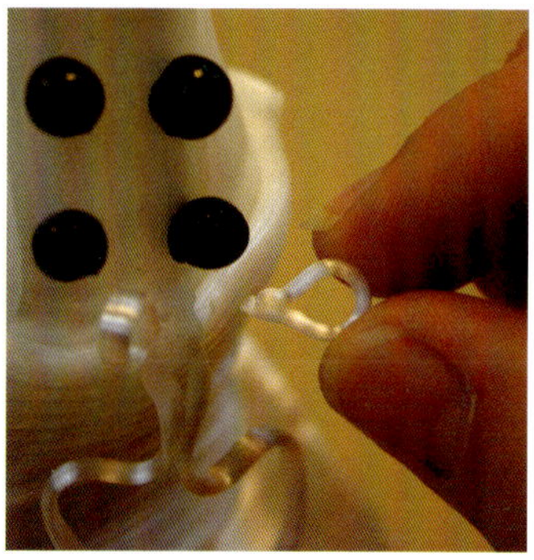

Schleifen und Bändel ansetzen.

16

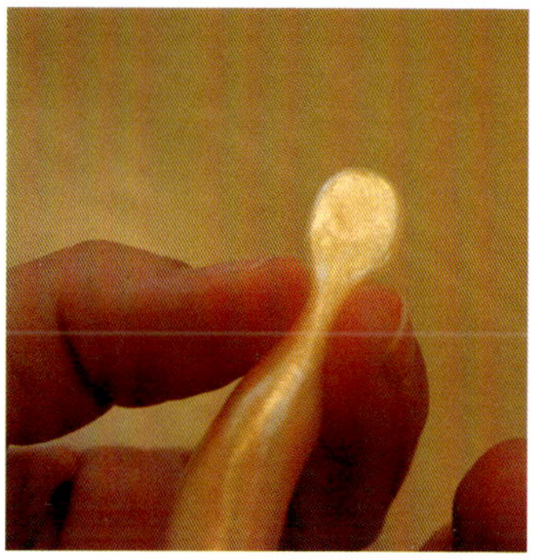

Für die Arme und Hände Zuckerkeile abschneiden und die Arm- und Handform modellieren.

KONDITOR/KOCH

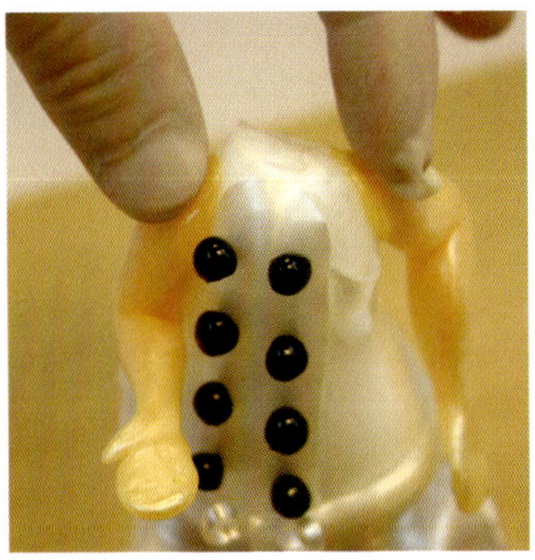

17

Für die Finger dreimal mit der Schere einkerben und den Daumen einschneiden. Darauf achten, ob die linke oder rechte Hand modelliert wird, damit der Daumen auf der richtigen Seite eingeschnitten wird. Danach die Armform ausmodellieren.

18

Die Ärmel bestehen aus weißen Bändern, die über die Armansätze gelegt werden.

19

Für den Kopf Kugel abschneiden, in die Silikonform drücken und nach oben zu rund, nach unten hin schmal modellieren. Kopf herausnehmen und mit dem Fön komplett abkühlen.

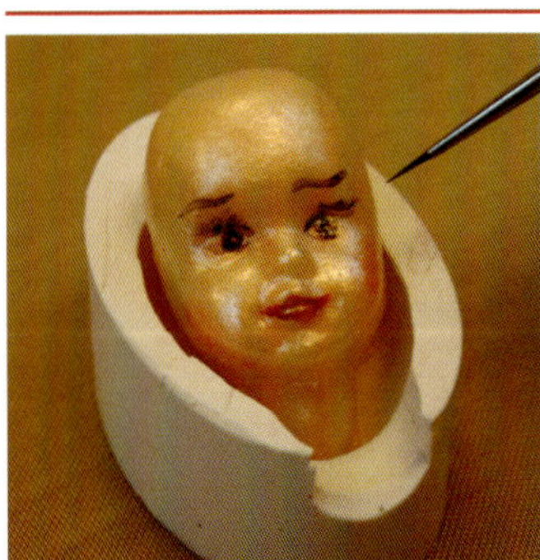

20

Das Gesicht nach Belieben ausmalen. Sehr feinen Pinsel benutzen und keine zu flüssige Farbe verwenden. Feine Gesichtszüge sind das A & O einer schönen Zuckerfigur und entscheiden beim Betrachter über Gefallen oder Nichtgefallen.

21

Den Körper oben erwärmen, den Kopf unten gut erwärmen und diesen dann aufsetzen.

22

Für die Haare schmale, streifenartig gezogene Bänder in der gewünschten Farbe und Länge zuschneiden und ansetzen.

23

Kochhut modellieren und aufsetzen.

24

Die Figur mit Halstuch, Geschirrtuch, eventuell Tablett, Kochlöffel, Schneebesen oder Ähnlichem beliebig fertig dekorieren.

Tipp: Einen guten, feinen Pinsel mit wenig Farbe verwenden; lieber ein zweites Mal nachzeichnen.

CRIOLLO
TRINITARIO
La diversité des origines :
la richesse
des goûts
Des fruits :
cabosses

Der stolze Schwan
Seerose

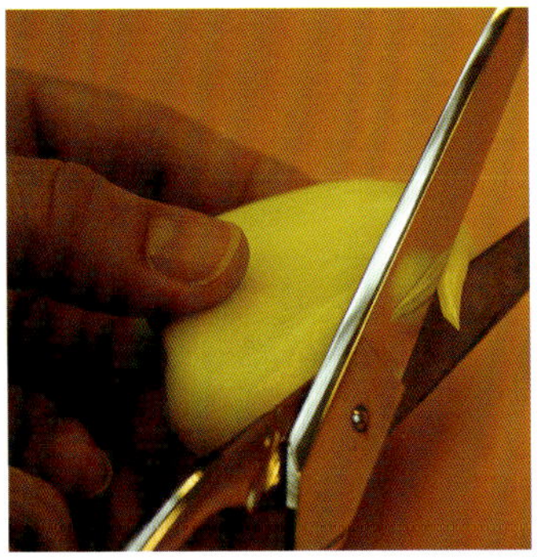

1

Für das Innere der Seerose sechs bis acht kleine Keile herausschneiden und kleine Kugel modellieren.

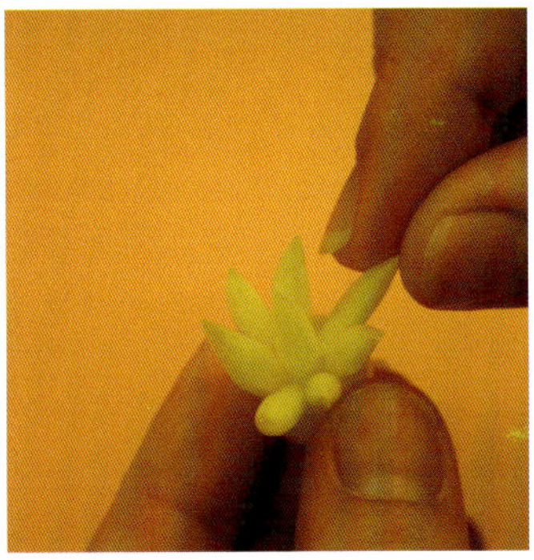

2

Einen Keil in der Mitte der Kugel, die anderen kreisförmig ringsum, anbringen.

3

Für die Blüte werden längliche Blätter herausgezogen und oben leicht zusammengedückt.

4

Für die erste Blattreihe werden sechs kleinere Blätter um das Zentrum gelegt.

5

Bei der zweiten Blattreihe werden acht etwas größere Blätter versetzt angebracht.

6

Bei der dritten Blattreihe ebenfalls acht Blätter anordnen, wiederum versetzt.

7

Für eine Seerose drei große, grüne Blätter herzförmig herausziehen und in der Mitte einkerben, abkühlen lassen.

8

Die Seerose auf den drei Blättern beliebig anordnen.

DER STOLZE SCHWAN
TEICH

9

Als Basis für das Schaustück wird ein kleiner Teich gegossen. Dazu Alupapier leicht knittern, auslegen und wieder etwas glattstreichen.

10

Den kleinen See „frei“ mit farblosem Isomalt gießen.

11

Flüssige, blaue Farbe einträufeln und mit einem Zahnstocher wellenförmiges Muster malen. Kurz auskühlen lassen.

12

Ans Wasser angrenzend kann dann das „Festland“ gegossen werden. Bodenplatte komplett abkühlen lassen.

13

Die überstehende Alufolie abschneiden.

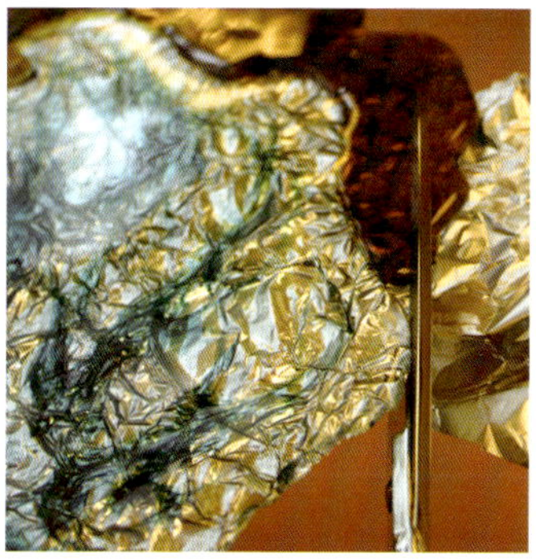

14

Nach Belieben mit Felsenzucker-Stücken das Ufer gestalten.

15

Für den „Sand“ Isomalt mit flüssiger Farbe mischen und aufstreuen.

DER STOLZE SCHWAN SCHWAN

16

Weiße Kugel in die gewünschte Größe dehnen und am oberen Ende den Kopf des Schwans modellieren.

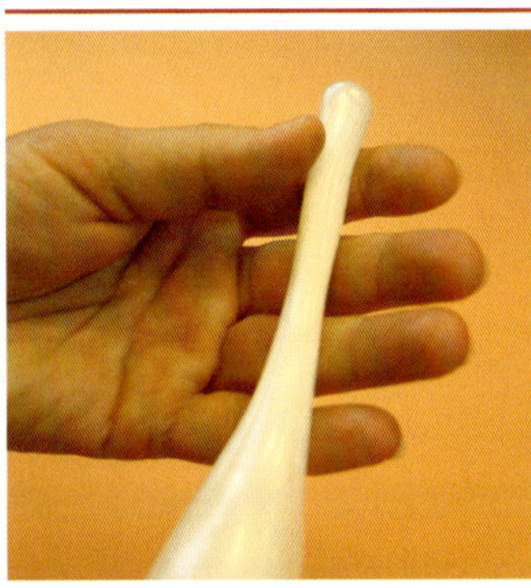

17

Den Hals durch das Langziehen des Zuckers schmal modellieren.

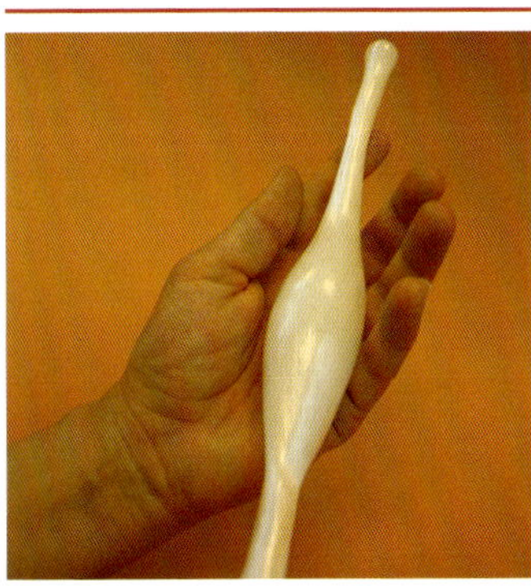

18

Dann das untere Ende langziehen.

19

Und für die Körpermitte nochmals leicht Luft einarbeiten.

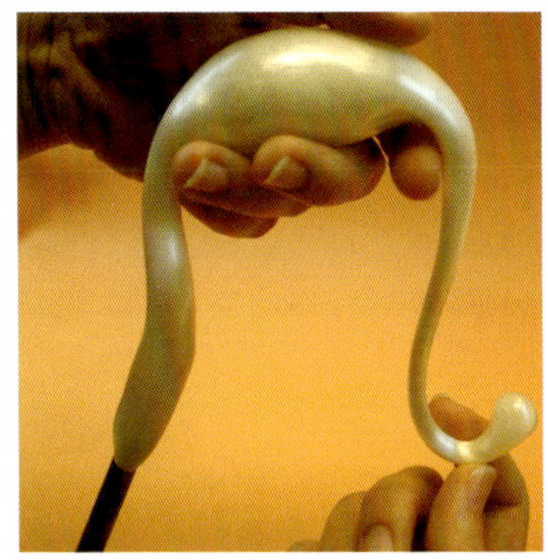

20

Kopf und Hals in die typische Schwanenform biegen und leicht abkühlen.

21

Das obere Ende der Körpermitte nochmals kurz erwärmen. Vorsicht: nicht durchschmelzen lassen!

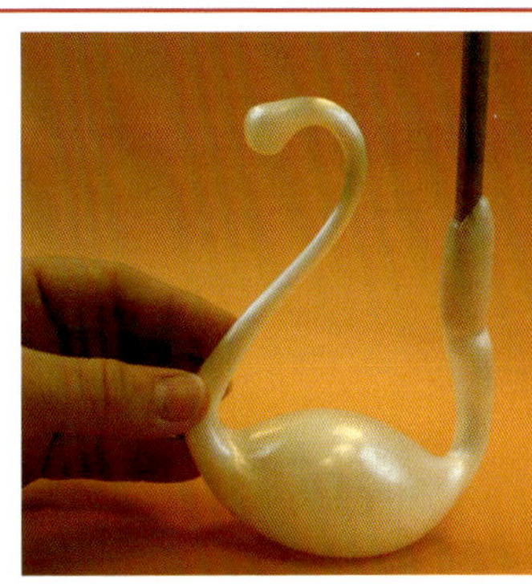

22

Den Körper hinstellen, bei Bedarf nochmals leicht Luft einpumpen und den Körper fertig modellieren. Dann vollständig abkühlen, damit er sich nicht mehr verformen kann.

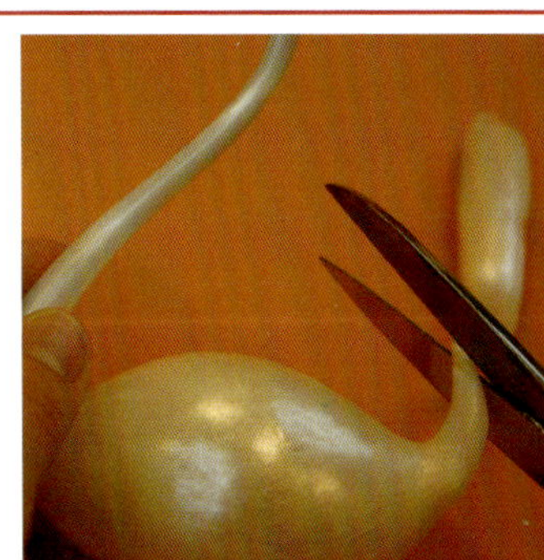

23

Das Schwanzende so erwärmen, dass der Ansatz weggezogen und dann abgeschnitten werden kann.

DER STOLZE SCHWAN SCHWAN

24

Zuckerplatte an der gewünschten Stelle vorsichtig anschmelzen ...

25

... und den fertigen Schwan aufsetzen.

26

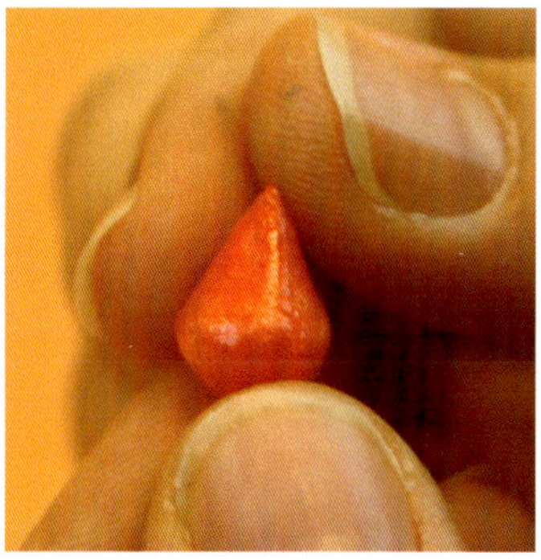

Für den Schnabel eine kleine, runde Kugel aus orangefarbenem Isomalt abschneiden und spitz zumodellieren.

27

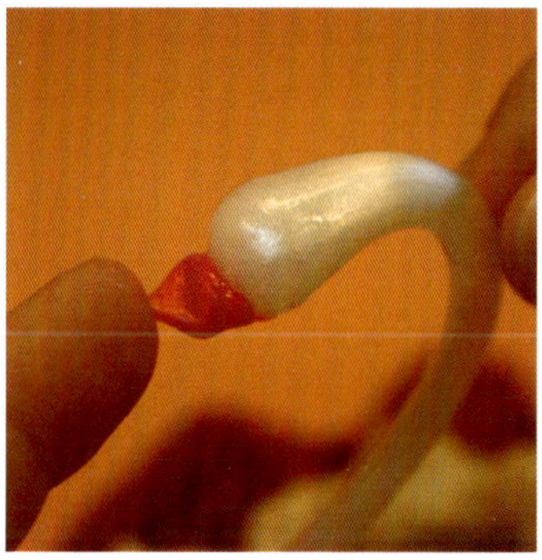

Auf beiden Seiten leicht eindrücken und noch warm mit der stumpfen Seite ansetzen.

28

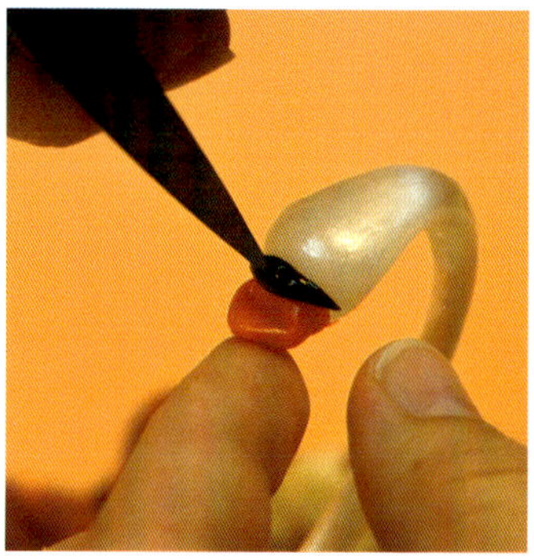

Kleinen, schwarzen Keil abschneiden, sofort oberhalb des Schnabels ansetzen und mit der Schere zwei Nasenlöcher eindrücken.

29

Für die Augen schwarzen Keil herausschneiden, die Spitze erwärmen, das Auge antupfen und sofort wegziehen. Den entstehenden Zuckerfaden mit dem Brenner „abschneiden".

30

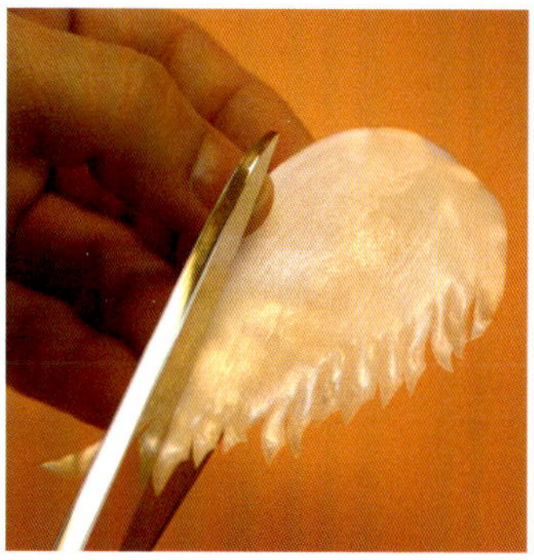

Breites Band herausziehen und leicht schräg in Flügelform abschneiden. Sofort acht- bis zehnmal einschneiden und abkühlen.

31

Die Flügel aufgestellt am Schwanenkörper seitlich ansetzen.

Tipp: Sollte der Flügel schon zu kalt sein, den Flügel vor dem Einschneiden nochmals kurz kurz über dem Bunsenbrenner erwärmen.

DER STOLZE SCHWAN
UFER

32

Als Ufer-Bepflanzung kann Bambus hergestellt werden. Dazu braune Zuckerkeile abschneiden.

33

Die Keile bis zur gewünschten Länge und Breite auseinander-ziehen.

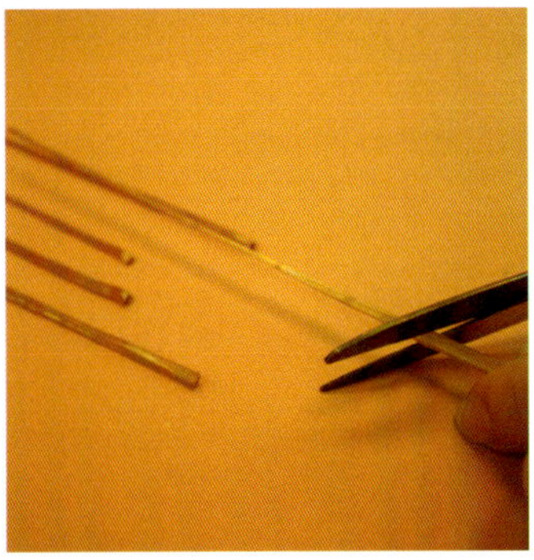

34

Dann abschneiden und abkühlen lassen.

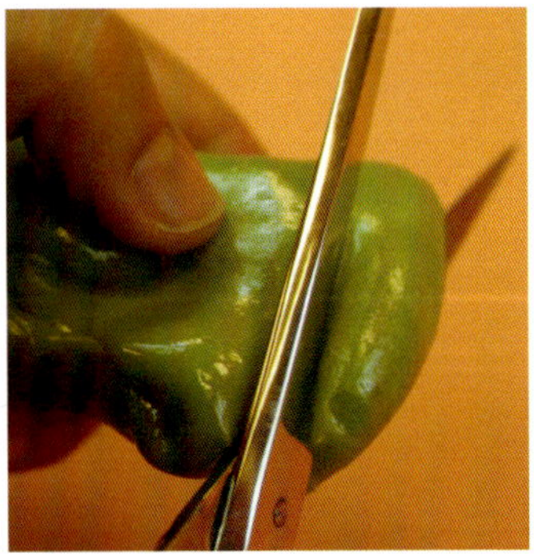

35

Für das Schilfgras grüne Keile abschneiden.

36

Keil in die Länge ziehen und übereinanderlegen.

37

Wieder in die Länge ziehen und so lange übereinander-legen, bis die gewünschte Länge und Breite des Schilfgrases entsteht.

38

Gras schräg abschneiden.

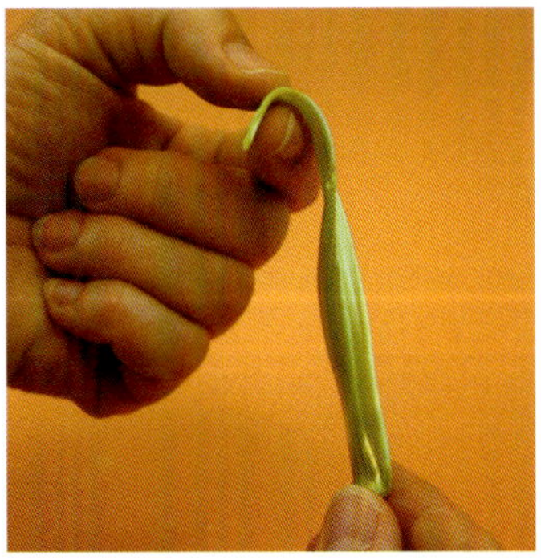

39

Schilf mit den Fingern in beliebige Form bringen und komplett abkühlen.

DER STOLZE SCHWAN FERTIGSTELLUNG

40

Das Schilfgras kann noch mittels Airbrush und roter Farbe eingefärbt werden.

41

Dann das Gras auf die Bodenplatte aufsetzen und den Ansatz gut kühlen.

42

Die Bambusrohre ebenfalls auf der Platte fixieren.

43

Wasserzucker nach Belieben ansetzen, um die Bewegungen des Wassers und des Schwanes zu simulieren.

44

Die Seerose kann mittels Airbrush noch leicht eingefärbt werden.

45

Für das Aufsetzen der Seerose mit Blatt wird auf der Unterseite ein Stück Zucker angesetzt.

46

Das Zuckerstück gut erhitzen und die Seerose auf der Zuckerplatte fixieren.

Tipp: Durch den Wasserzucker können unschöne Ansätze kaschiert werden.

TAUBEN AUF HERZ
HERZ

1

Rote Kugel aufsetzen und dehnen.

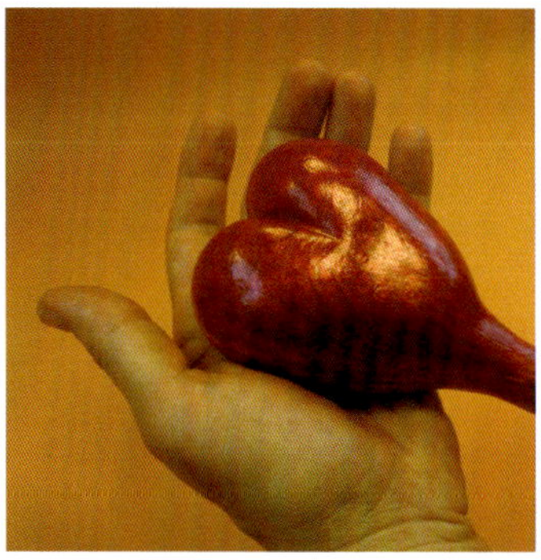

5

Nochmals leicht Luft einpumpen.

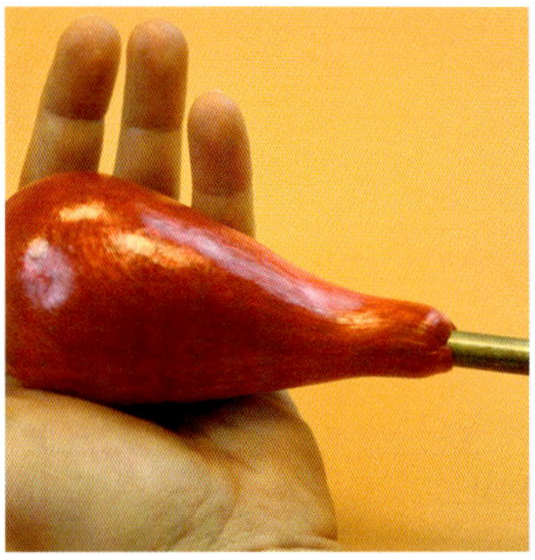

2

Leicht tropfenförmig in die Länge ziehen.

6

Erneut einkerben, bis die gewünschte Form erreicht ist.

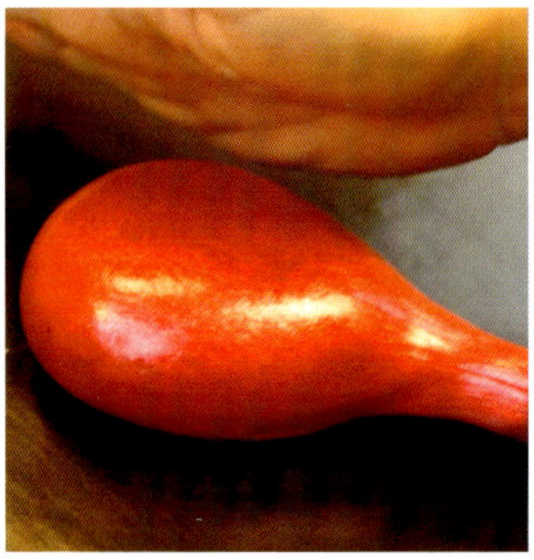

3

Auf dem Arbeitsbrett etwas flachdrücken.

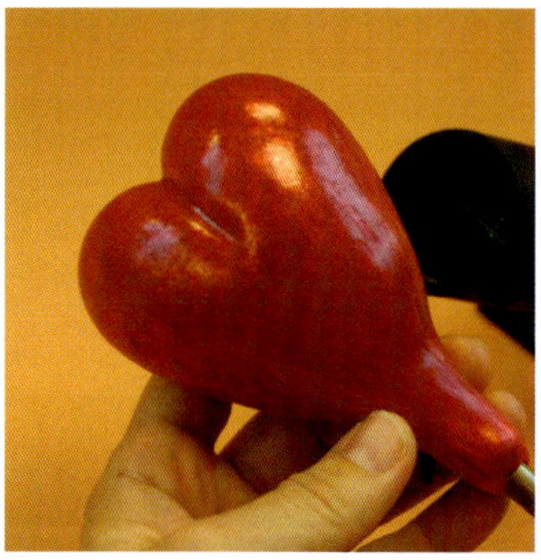

7

Das Herz komplett abkühlen, am unteren Ende abschneiden und spitz zumodellieren.

4

Oben mittig mit der Schere einkerben, sodass die Herzform entsteht.

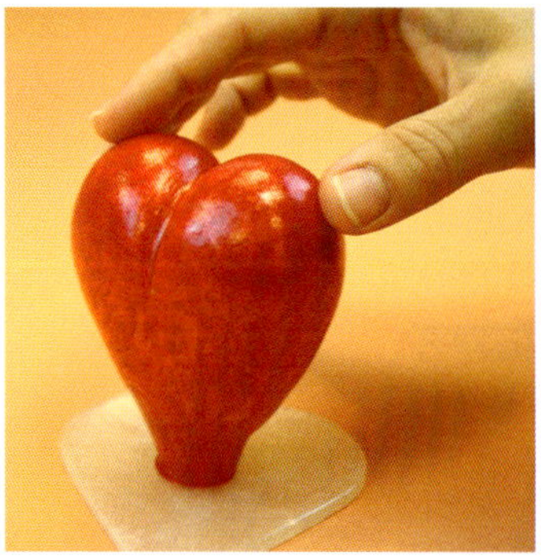

8

Mit dem spitzen Ende auf die zuvor gegossene Bodenplatte aufsetzen.

Tipp: Etwas mehr Zucker nehmen, damit beim Einkerben kein Loch eingedrückt wird.

TAUBEN AUF HERZ
TAUBEN

9

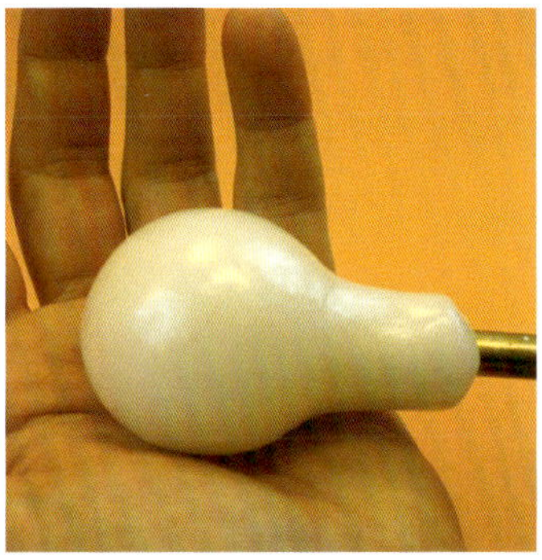

Kleine, weiße Kugel aufsetzen und dehnen.

10

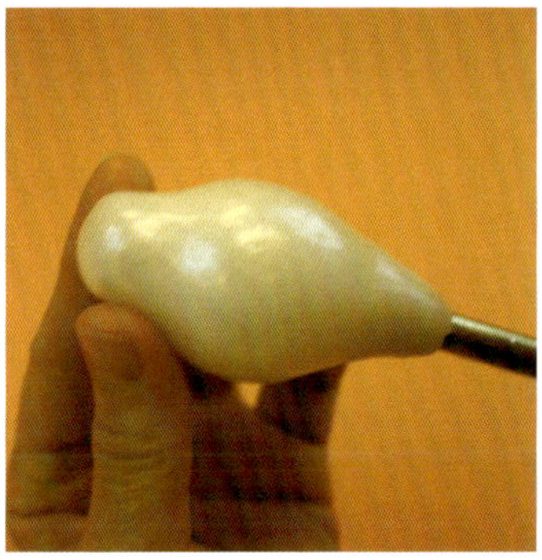

Oben leicht taillieren und den Kopf der Taube modellieren.

11

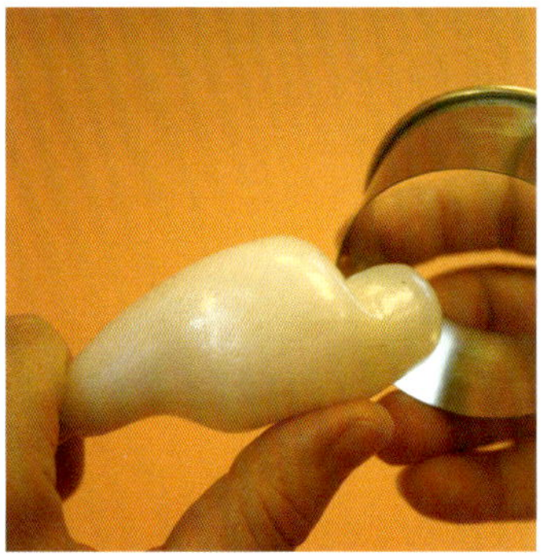

Für das Einkerben des Halses am besten einen runden Ausstecher verwenden. Eventuell noch-mals leicht Luft einarbeiten.

12

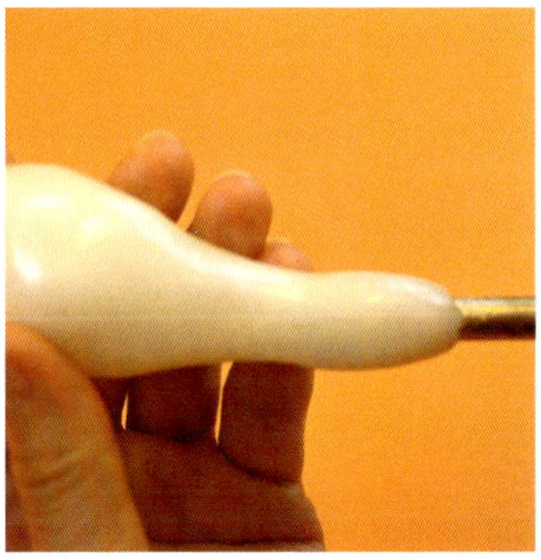

Das Schwanzende vom Körper weg in die Länge ziehen und nach oben biegen.

13

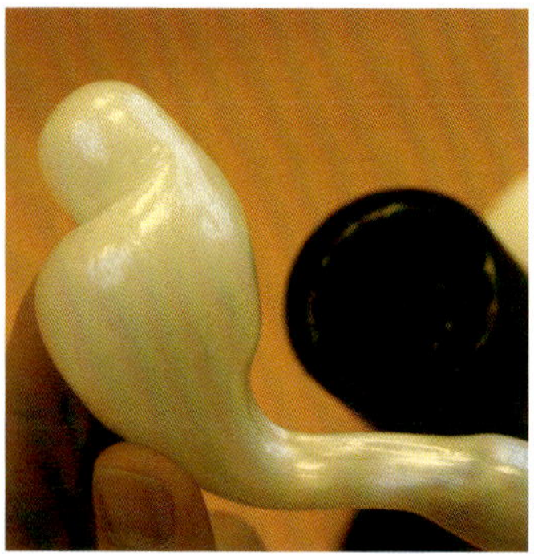

Komplett abkühlen und das Ende abschneiden.

14

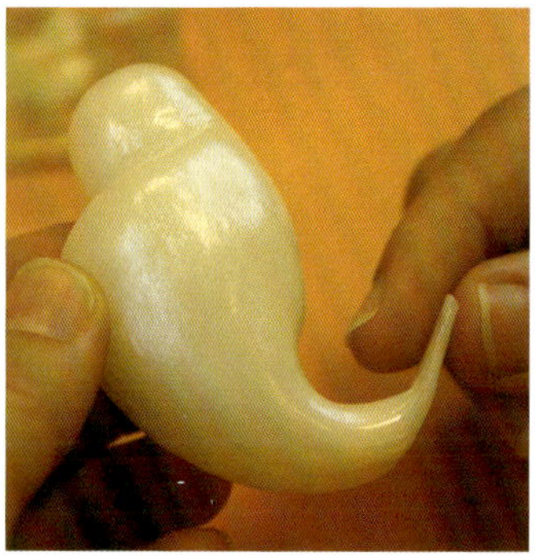

Das Schwanzende nochmals leicht erwärmen und flach zusammendrücken.

15

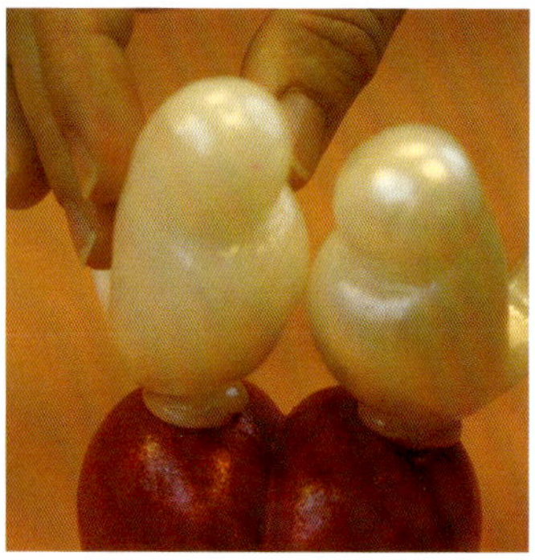

Die zweite Taube wird genauso gefertigt. Am unteren Ende beider Taubenkörper ein kleines Stück weißen Zucker anbringen, dann erwärmen ....

16

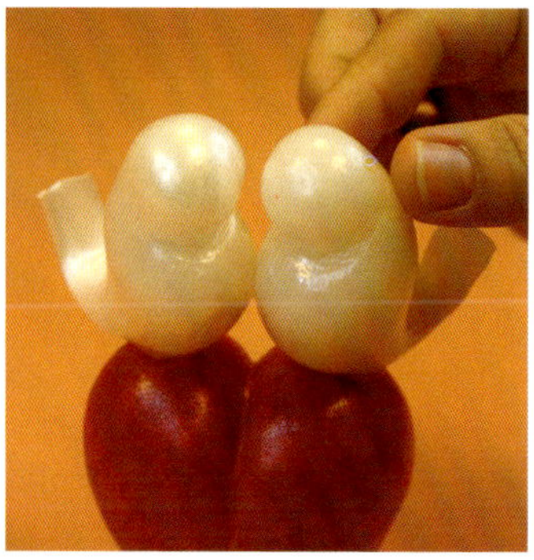

... und die Tauben an der gewünschten Stelle auf dem Herz positionieren.

TAUBEN AUF HERZ
TAUBEN

17

Die Schwanzfedern (fünf kleine Bänder) zusammensetzen ...

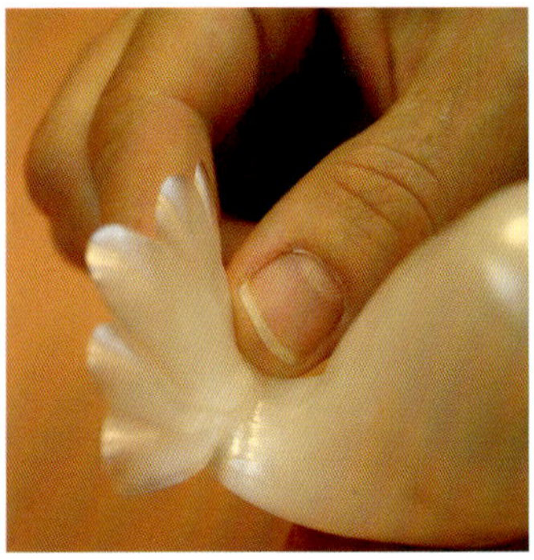

18

... und den Schwanz dann ansetzen.

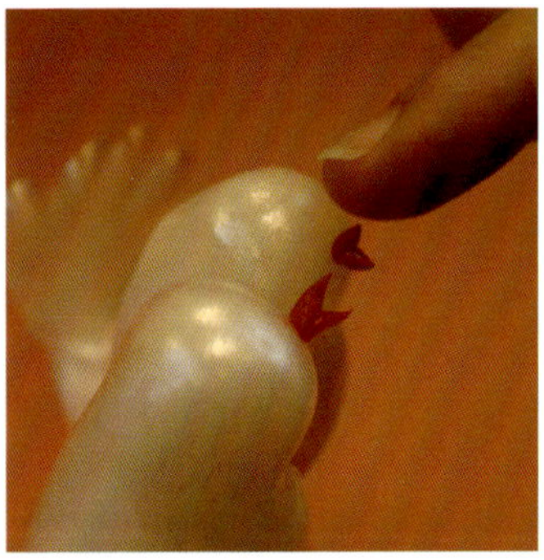

19

Kleinen, roten Keil, eingekerbt, als Schnabel ansetzen.

20

Die Augen als schwarze Farbtupfer anbringen und die Zuckerfäden mit dem Brenner „abschneiden".

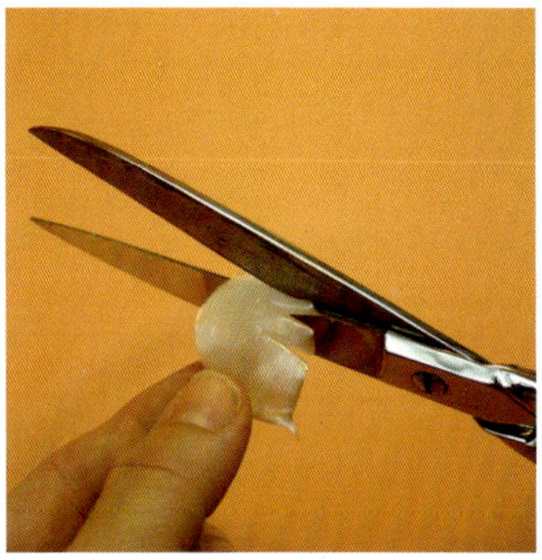

21

Für die Flügel ein Blatt herausziehen, spitz zuschneiden und viermal einschneiden.

22

Die Flügel seitlich am Taubenkörper ansetzen.

23

Zuletzt kann das Schaustück nach Belieben ausdekoriert werden.

UNTERWASSERWELT AUFBAU

1

Gewünschte Formen für den Schaustückaufbau auf die Gießmatte legen.

2

Bodenplatte und Ringe gießen, marmoriert mit blauer Farbe.

3

Großen Ring auf Bodenplatte aufsetzen.

4

Mit einem zweiten Ring abstützen.

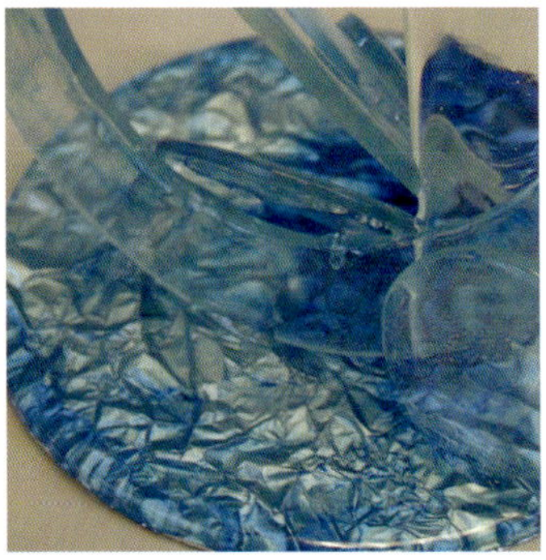

5

Nach Bedarf mit weiteren Platten die Struktur bauen.

6

Wichtig ist auch die Stütze von hinten.

7

Korallen mithilfe von Felsenzucker „imitieren“ ...

8

... auch seitlich und hinten am Schaustück.

Unterwasserwelt Fische

9

Kugel aufsetzen und aufpumpen, danach den Fischkörper modellieren und abkühlen.

10

Gelbe, kleine Kugel flach an den Kopf ansetzen. Sie dienen als Auge.

11

Nach Belieben zweiten Fischkörper herstellen.

12

Augen und Schuppen aufmalen.

13

Die Fische in der gewünschten Position ansetzen.

14

Aus Bändern Schwanz und Flossen fertigen ...

15

... und am Fischkörper ansetzen.

16

„Augenbrauen“ verstärken den Effekt der Augen.

UNTERWASSERWELT FERTIGSTELLUNG

17

Vor dem Airbrushen der Fische den Hintergrund mit Folie abdecken, die Fische nach Belieben einfärben ...

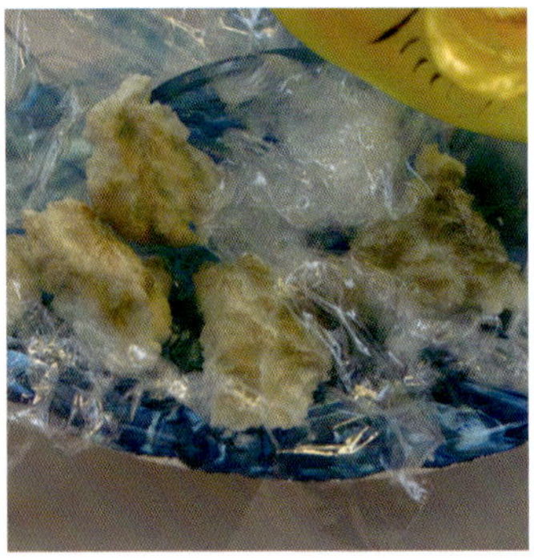

18

.. und genauso den Boden.

19

Die Unterwasser-Flora mithilfe von verschiedenen Blättern herstellen.

20

Die Pflanzen auf den Boden ansetzen.

21

Die Algen und Blätter passend auch im Schaustück integrieren.

22

Mit eingefärbtem Isomalt lässt sich Sand/Boden imitieren.

23

Transparente Kugeln als Wasserblasen ansetzen ...

24

... und mit gespritzten Zuckerfäden die „Unterwasserwelt“ komplettieren.

Tipp: Das Schaustück nicht mit zu vielen Kleindekoren überladen – weniger ist manchmal mehr.

ABSTRAKTES SCHAUBILD „TRIO“

1

Isomalt ohne Zugabe von Wasser erwärmen.

2

Die Bodenplatte mit dunkel eingefärbtem Isomalt in die gewünschte Form gießen.

3

Für die helle Schaustückplatte die gewünschten runden Aussparungen einlegen und mit weißem Isomalt/goldfarbener Marmorierung ausgießen.

4

Bebliebige kleine runde Platten in den Schaustückfarben gießen ...

5

... und auf die erste Bodenplatte aufsetzen.

6

Danach die zweite Bodenplatte aufsetzen, gut abkühlen.

7

Anschließend die weiße Platte senkrecht auf der Bodenplatte aufsetzen.

ABSTRAKTES SCHAUBILD „TRIO“

8

Hinter die weiße Platte wird die rote Platte, die etwas höher ist, aufgesetzt.

9

Zuletzt wird die schwarze Platte, die nochmals etwas höher ist, auf den Boden aufgesetzt.

10

Die obere Bodenplatte kann mit den restlichen runden Zuckerscheiben noch beliebig dekoriert werden.

11

Für die Kugeln wird der dunkelrote Zucker, der aus rotem und schwarzem Zucker gemischt wurde, erwärmt ...

12

... und zum Seidenglanz gezogen.

13

Schöne glänzende Kugeln formen und abkühlen.

14

Die Herstellung der weissen Kugeln erfolgt entsprechend den roten.

ABSTRAKTES SCHAUBILD „TRIO“

15

Am besten wirkt das Schaustück, wenn die Kugeln unterschiedliche Größen haben.

16

Die Kugeln werden auf den Boden nach Belieben aufgesetzt.

17

Ansetzen der Kugeln beim Schaustück oben oder auf der Seite.

18

Und schon ist das abstrakte Schaustück fast fertig.

19

Wer will, kann zwischen den Schaustückplatten noch transparente „Splitter“ einsetzen.

FACHSCHULE

Was 1986 begann ... haben wir stetig weiterentwickelt und können deshalb mehr als „Süsses" und „Deko" zeigen. In unserer Fachschule bieten wir innovative Fort- und Weiterbildungskurse für den Food-Bereich an.

Zahlreiche Kontakte zu Verbänden, Fachschulen und der stetige Austausch mit Fachleuten und kreativen Köpfen der Branche sowie das Feedback unserer Seminarteilnehmer garantieren eine ständige Neu- und Weiterentwicklung unserer Seminarthemen, -inhalte und Produkte.

Mit dem Umzug im Januar 2008 ins neue Domizil bietet die Fachschule Süss-Deko in großzügigen, klimatisierten Räumen noch optimalere Arbeits- und Trainingsbedingungen. Durch die Begrenzung der Teilnehmerzahl in den Seminaren sind intensives Arbeiten und ein maximaler Lehrnerfolg gewährleistet. Für die Pausen steht ein angenehmer Aufenthaltsraum mit Bistroküche für die Seminarteilnehmer zur Verfügung. Bei der Freizeitgestaltung helfen Broschüren und Infos zur Region Stuttgart/Fellbach, die zur Mitnahme ausliegen.

Einladend hell und freundlich: der Schulungs- (oben) und der Aufenthaltsraum

Tipp: Detail-Informationen zur Schule gibt es im Internet unter www.suessdeko.de oder direkt bei Süss-Deko, Goethestraße 42, D-70736 Fellbach (Postanschrift); Telefon 0711/516530

KURSPROGRAMM

Zucker – Basis
Zucker – Fortgeschrittene
Zucker – Workshop

Beim **Basis-Kurs** werden alle Grundtechniken gezeigt, erklärt und die einzelnen Elemente von jedem Seminarteilnehmer zu kleinen Schaustücken arrangiert. Mit zunehmender Übung steigt auch der Schwierigkeitsgrad der Techniken.
Der **Fortgeschrittenen-Kurs** vermittelt die weitergehenden Techniken und Effekte. Es werden mehrere größere und komplexe Schaustücke erstellt und dabei alle Techniken perfektioniert. Zuletzt setzt jeder Teilnehmer sein individuell gewähltes Thema als Zuckerschaustück um.
Der **Workshop** ist für Fortgeschrittene und vermittelt neben neuen Zuckertechniken auch das Arbeiten mit Gelatine-/Pastillage-Elementen.

Englisch-Dekor

Die Englische Tortendekoration gilt als „Rolls-Royce" der Festtagstorten-Dekore. Im Basiskurs wird das Arbeiten mit Überzugsmasse und Modelliermasse geübt und die notwendigen Grundtechniken vermittelt.
Der Fortgeschrittenen-Kurs setzt obiges Basiswissen voraus. Ziel ist hier das Erlernen weitergehender Techniken und das Umsetzen eigener Ideen in Form von Fest- und Hochzeitstorten

Tipp: Detail-Informationen, Konditionen und Termine gibt es im Internet unter www.suessdeko.de
oder direkt bei Süss-Deko, Goethestraße 42, D-70736 Fellbach (Postanschrift); Telefon 0711/516530

KURSPROGRAMM

Schokoladen-schaustücke und -techniken

Dieses Seminar vermittelt alle Grundtechniken des Arbeitens mit Schokolade, angefangen von Dekorteilen über Modellierschokolade und Kakaomalerei bis hin zum Gießen, Schneiden und Biegen von Schoko-Teilen. Auch hier werden Einzelteile dann zu Schaustücken arrangiert und individuell ausgestaltet.

Pralinen

Das Pralinenseminar gibt einen Überblick über verschiedenste Arten handwerklicher Pralinenherstellung. Es werden insgesamt zirka 20 verschiedene Sorten hergestellt und dekoriert. Die Rezepturen können später jederzeit beliebig variiert werden.

Taste of chocolate

Bei diesem Kurs geht es weitestgehend um den Geschmack. Verwendet werden hochwertige Kuvertüren, die verarbeitet werden zu Dekoren, Tartes und Kleintorten. Eine Geschmacksschulung schärft dabei die Sinne für Qualität.

Tipp: Detail-Informationen, Konditionen und Termine gibt es im Internet unter www.suessdeko.de oder direkt bei Süss-Deko, Goethestraße 42, D-70736 Fellbach (Postanschrift); Telefon 0711/516530

KURSPROGRAMM

Patisserie – intensiv

Dieser elftägige Intensivkurs soll einen Gesamtüberblick zum Thema, ein Fundament für das praktische Arbeiten in der Patisserie bieten. Neben dem Erlernen der theoretischen Basics stehen auf dem Stundenplan vor allem das praktische Erarbeiten der Themen
- Biskuits, Massen, Teige
- Torten, Tarts, Terrinen
- Mousse, Cremes, Soßen, Glasuren
- Eis, Sorbets, Parfaits
- Teegebäck, Pralinen, Petit fours
- vielseitiger Einsatz von Früchten
- Dekore aus Schokolade, Zucker, Hippen, Krokant
- Anrichten und Präsentation von Desserts

In Kleinstgruppen von maximal sechs Personen ist intensives Lernen und Üben gewährleistet. Individuelle Schwerpunkte können bei Kursbeginn noch besprochen werden.

Früchte- und Gemüseschnitzen

Der Kurs vermittelt alle Techniken des Früchte- und Gemüseschnitzens, angefangen von einfachen und schnellen Tellerdekorationen bis hin zu anspruchsvollen Melonensschnitzereien. Gezeigt und geübt werden Schnitzereien mit zunehmendem Schwierigkeitsgrad. Die Einzelkomponenten werden dann jeweils zu ansprechenden Büffetschaustücken arrangiert.

Tipp: Detail-Informationen, Konditionen und Termine gibt es im Internet unter www.suessdeko.de oder direkt bei Süss-Deko, Goethestraße 42, D-70736 Fellbach (Postanschrift); Telefon 0711/516530

ZUBEHÖR FÜR ZUCKERARBEITEN

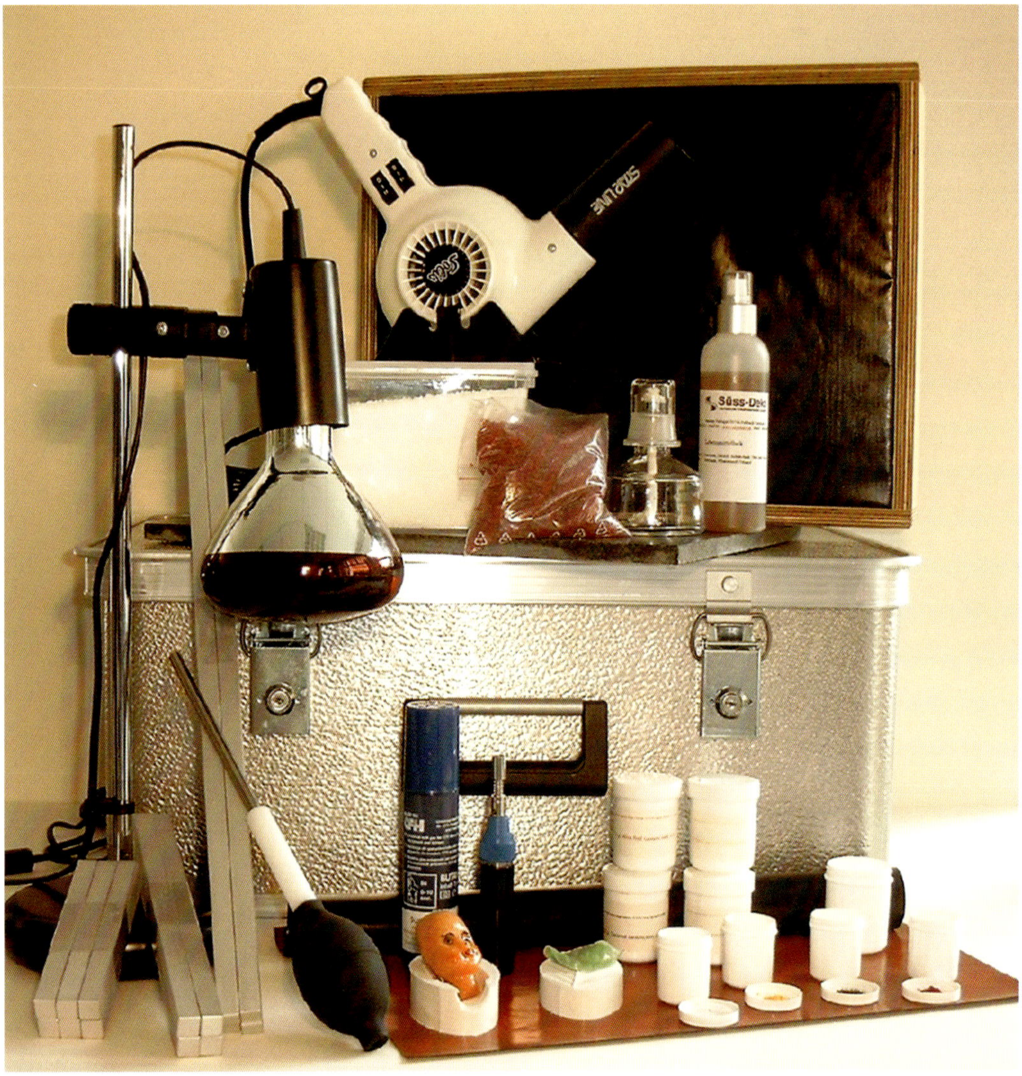

Profi-Komfort-Koffer
Artikel-Nummer 9.3100

Zuckerstation
Artikel-Nummer 9.3107
mit
Rahmen und Platte, spezialbeschichtet
Artikel-Nummer 9.3103
Zuckerlampe
Artikel-Nummer 9.3105
Wärmebirne
Artikel-Nummer 9.3106

Spiritusbrenner mit Tülle und Docht
Artikel-Nummer 9.3108

Ersatztülle
Artikel-Nummer 9.3109
Ersatzdocht
Artikel-Nummer 9.3110

Tipp: Detail-Informationen und Preise zu den genannten Artikeln gibt es im Internet unter www.suessdeko.de oder direkt bei Süss-Deko, Goethestraße 42, D-70736 Fellbach (Postanschrift); Telefon 0711/516530

ZUBEHÖR FÜR ZUCKERARBEITEN

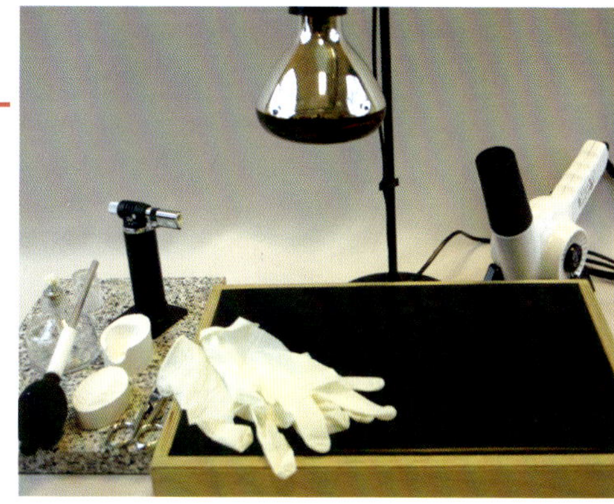

Basis-Zuckerausrüstung
Artikel-Nummer 9.3101

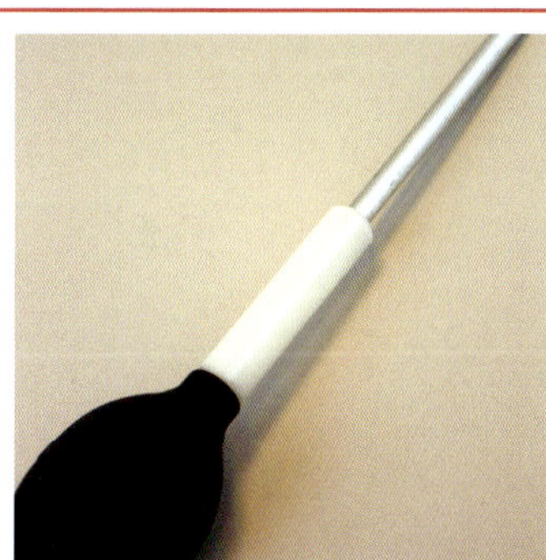

Profihandpumpe zum Zuckerblasen
Artikel-Nummer 9.3111

Fön Solis mit Warm-Kalt-Stufe und Standfuß
Artikel-Nummer 9.3112

Tipp: Detail-Informationen und Preise zu den genannten Artikeln gibt es im Internet unter www.suessdeko.de oder direkt bei Süss-Deko, Goethestraße 42, D-70736 Fellbach (Postanschrift); Telefon 0711/516530

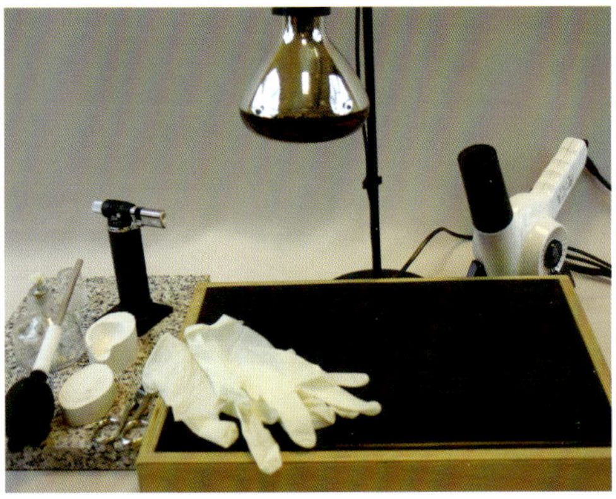

ZUBEHÖR FÜR ZUCKERARBEITEN

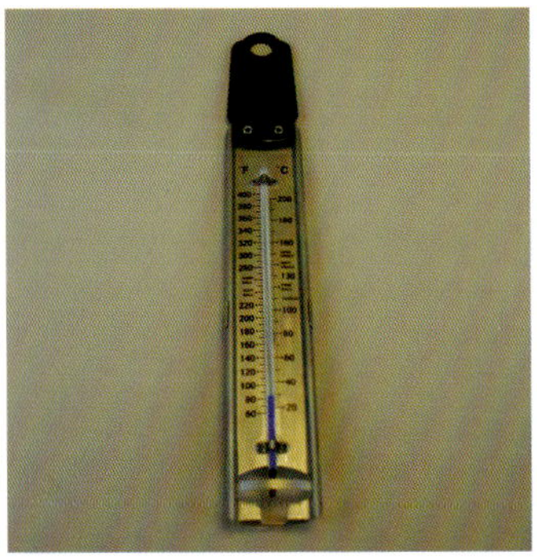

Zuckerthermometer (bis 180 ° C)
Artikel-Nummer 9.3113

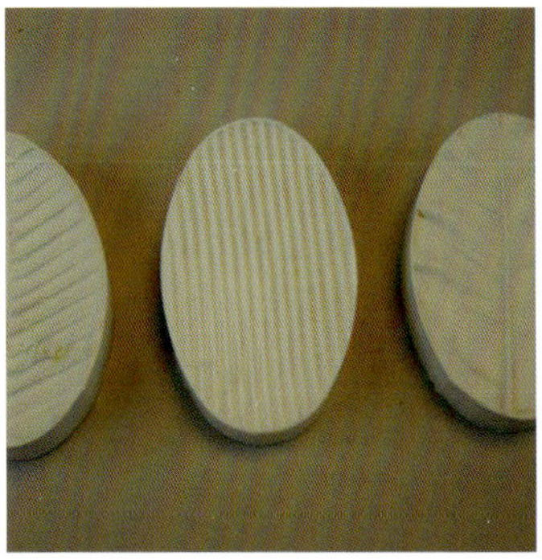

Universal-Blattstempel aus Silikon
Artikel-Nummer 9.3120

Blattstempel gerillt
Artikel-Nummer 9.3121

Blattstempel Herbst
Artikel-Nummer 9.3122

Gieß- und Arbeitsmatte (500 x 400 mm, schwarz)
Artikel-Nummer 9.3114

Silbackmatte (590 x 390 mm)
Artikel-Nummer 9.3115

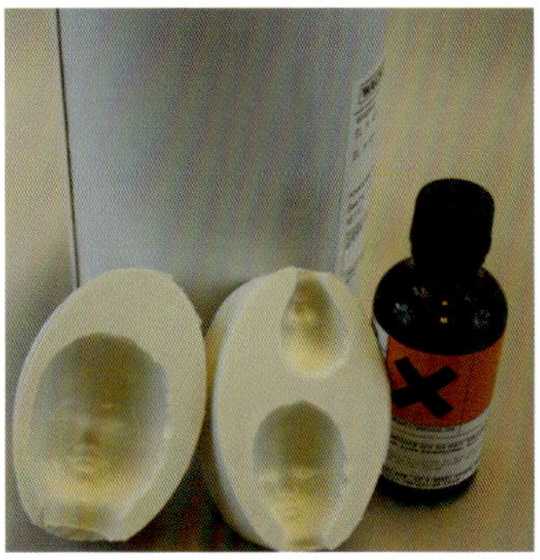

Universal-Blattstempel für Figuren (m + w), zirka 200 bis 250 mm
Artikel-Nummer 9.3130

Zweier-Kopfstempel für Figuren (m + w), zirka 70 bis 1800 mm
Artikel-Nummer 9.3131

Silikonkautschuk, 1 kg
Artikel-Nummer 9.3140

Gasbrenner Torch mit Standfuß und Gas
Artikel-Nummer 9.4040

Mini-Gasbrenner Torch mit Gas
Artikel-Nummer 9.4041

Weinsteinsäure in Pipettenflasche, 50 ml
Artikel-Nummer 9.3160

Silicagel zum Entfeuchten, 1 kg
Artikel-Nummer 9.3180

Silicagel, 500 g
Artikel-Nummer 9.3181

Ausstecher-Set Ringe (14-teilig, 20 bis 110 mm Durchmesser)
Artikel-Nummer 9.4051

Ausstecher-Set Herz (6-teilig, 45 bis 95 mm Durchmesser)
Artikel-Nummer 9.4055

Plastilin wiederverwendbar, 1 kg
Artikel-Nummer 9.3185

Tipp: Detail-Informationen und Preise zu den genannten Artikeln gibt es im Internet unter www.suessdeko.de oder direkt bei Süss-Deko, Goethestraße 42, D-70736 Fellbach (Postanschrift); Telefon 0711/516530

Zubehör für Zuckerarbeiten

Schutzhandschuhe Größe 8
Artikel-Nummer 9.3166

Schutzhandschuhe Größe 9
Artikel-Nummer 9.3167

Einmalhandschuhe 100 Stück, XS, S, M, L
9.3170 bis 9.3173

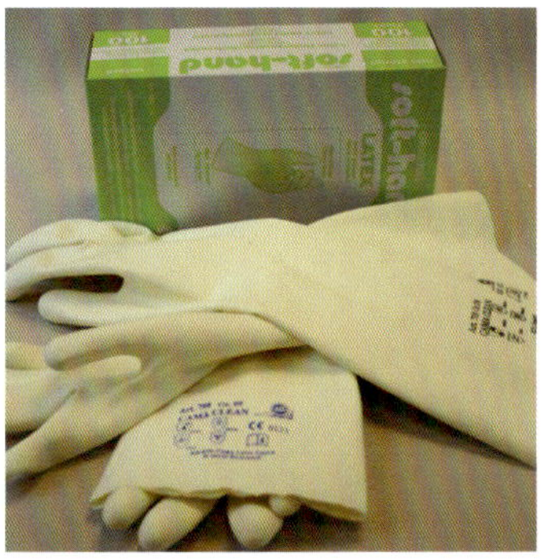

Metallstäbe-Set (Maße unten), nicht-klebend, für gegossene Zuckerteile, -platten
Artikel-Nummer 9.51090
Vierer-Set 10 x 500 mm
Artikel-Nummer 9.51087
Sechser-Set 10 x 150 mm
Artikel-Nummer 9.51088
Vierer-Set 10 x 250 mm
Artikel-Nummer 9.51089

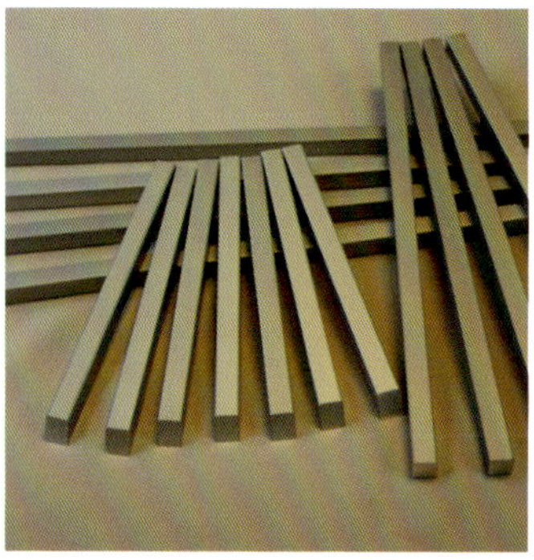

Pipettenflaschen Viererset, 50 ml
Artikel-Nummer 9.5040

Lebensmittelpulverfarben Vierer-Set, G, R, B, S
Artikel-Nummer 9.5050
einzeln, je 20 g
9.5051 bis 9.5054
Weiß 100 g
Artikel-Nummer 9.5060

Flexible Silikonstangen für beliebig runde Gießteile

Länge 1200 mm
Artikel-Nummer 9.3145
Länge 800 mm
Artikel-Nummer 9.3146

Lebensmittelglanzfarben Vierer-Set, Caramel, Weinrot, Gold, Silber je 20 g
Artikel-Nummer 9.5070

einzeln, je 20 g
9.5071 bis 9.5074

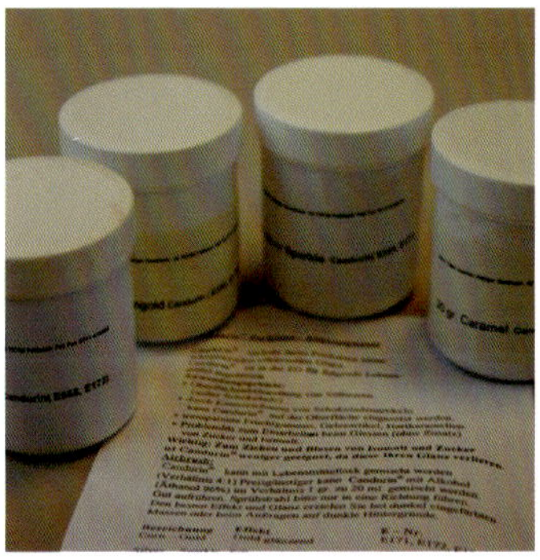

Isomaltperlen, 5 kg
Artikel-Nummer 9.5205

Isomalt, 3 kg
Artikel-Nummer 9.5203
Isomalt, 10 kg
Artikel-Nummer 9.5210
Isomalt, 25 kg
Artikel-Nummer 9.5225

Lebensmittelglanzlack mit wiederverwendbarem Sprühkopf, 200 ml
Artikel-Nummer 9.5090

Ersatzflaschen
9.5092 bis 9.5093

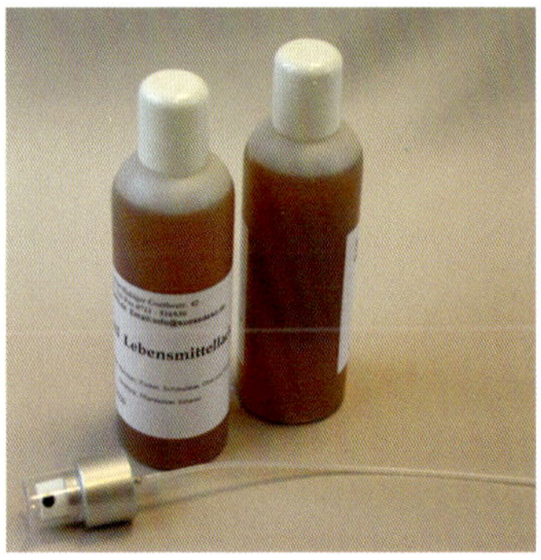

Isomaltsplitt fertiges Isomalt zum Blasen und Ziehen 3,5 kg farblos, je 500 g Gelb und Rot, je 250 g Blau und Schwarz
Artikel-Nummer 9.5500

Tipp: Detail-Informationen und Preise zu den genannten Artikeln gibt es im Internet unter www.suessdeko.de oder direkt bei Süss-Deko, Goethestraße 42, D-70736 Fellbach (Postanschrift); Telefon 0711/516530

ZUBEHÖR FÜR ZUCKERARBEITEN

Komplettes Airbrush-Set mit Profi-Airbrush-Pistole, kleinem, leisen Kompressor, Schlauch mit Anschlüssen
Artikel-Nummer 9.8505

Ebenfalls erhältlich:
Utensilien/Zubehör für Schokoladenarbeiten
Tortendekorationen
Früchte-Gemüseschnitzen
Fachbücher

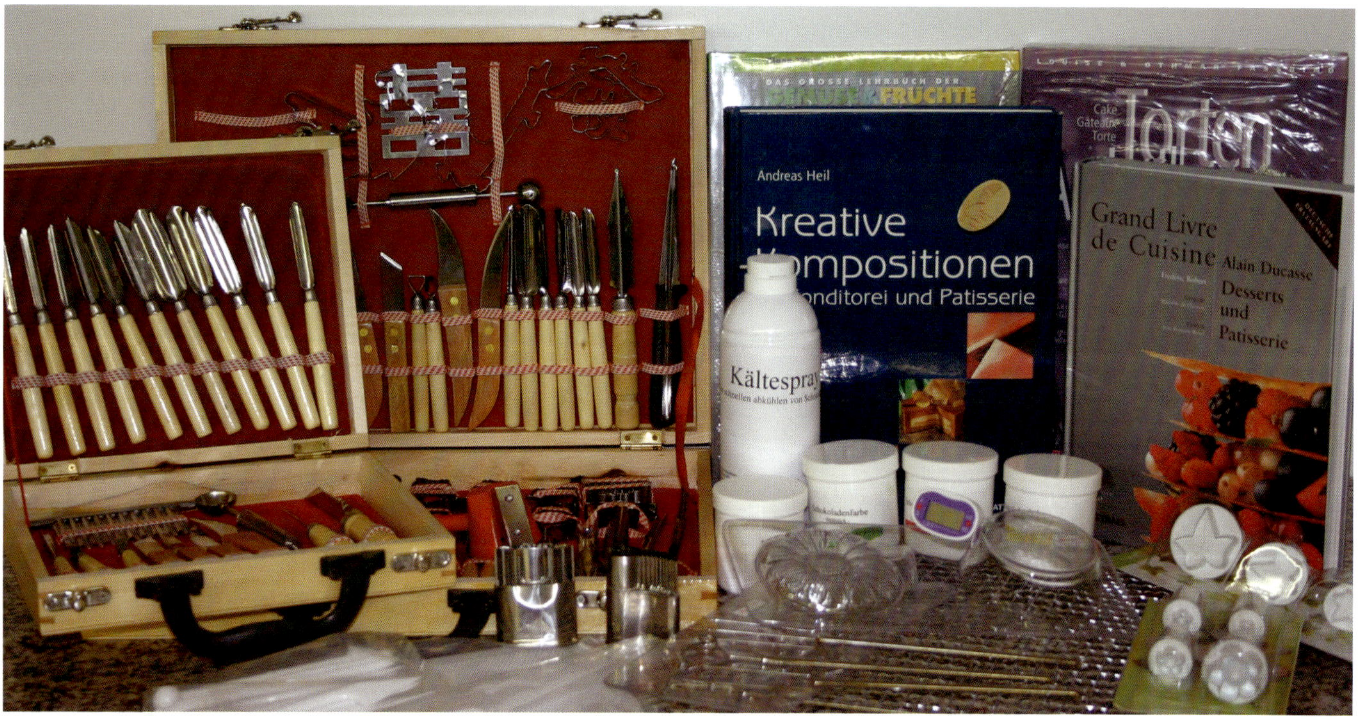

Tipp: Detail-Informationen und Preise zu den genannten Artikeln gibt es im Internet unter www.suessdeko.de oder direkt bei Süss-Deko, Goethestraße 42, D-70736 Fellbach (Postanschrift); Telefon 0711/516530

WEITERE BÜCHER

Bücher in Vorbereitung; Abbildungen ähnlich

Zuckerkunst heute

Texte und Fotos
Joachim Habiger, Martina Ziegler, D-70736 Fellbach, Goethestraße 42
Telefon 0711/516530
info@suessdeko.de

Redaktion und Realisation
PM Medienberatung, Florian Peter, D-70736 Fellbach, Hartwaldstraße 1
0711/514727
redaktion@flop-pm.de

Druck
Greß-Druck oHG, 70736 Fellbach, Höhenstraße 10
Telefon 0711/51099790
info@gress-druck.de

1. Auflage (2/2008)

ISBN 978-3-00-023337-1